介護の大ピンチ解決します

親の介護初心者、
切羽詰まっている人、
新しい技術を
学びたい人が
読む本

稲葉 耕太
（くろまめさん）

KADOKAWA

ここは黒豆で有名な京都府船井郡京丹波町…
む〜ん
母さ〜ん、もうすぐデイサービスの車がくるんだから〜
お義母さん、昨日は行くっておっしゃってましたよね…？
??
気が変わった
行かない
プイ
え〜
みつ子さ〜ん、お迎えにきましたよ〜
行かないったら行かない
※ヤギですが介護スタッフしてます
キッ

「くろまめさん」は楽しいところですよ!
ペラペラ
うちの自慢のお風呂は天然ヒバの木で作った浴槽で…
行きたくない
通所拒否
うっ
ま… まずいムード
あ〜
今日は行きたくない気分でしょうか〜
たすけて
母さん、わがまま言わないで!
どうして行きたくないんですか
む

まぁまぁ
そういうときもありますよ〜
そっかぁ、まっそれならしょうがないか
本当は来てほしいけど
!
なんや誰かと思ったら、あんたかぁ
ほならドライブがてらいこかな
うれしい うれしい
じゃあ行きましょうか〜
え〜っ
なんで〜
みつ子さん、くろまめさんでなにがしたいですか?
お風呂
今のうちに!
あっ
じゃ、じゃあ、夕方にご自宅までお送りします
は、はい よろしくお願いします!

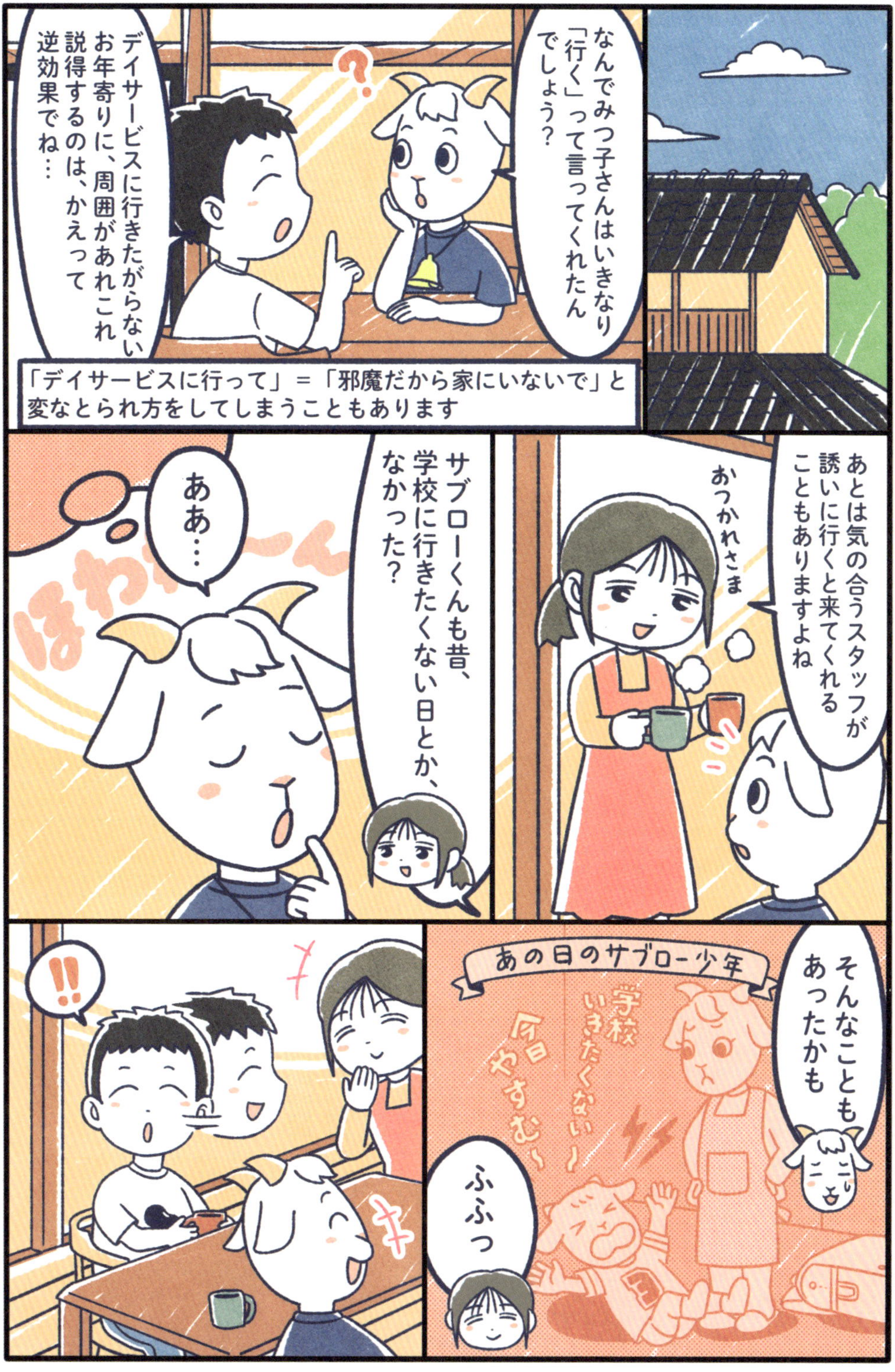
なんでみつ子さんはいきなり「行く」って言ってくれたんでしょう？
デイサービスに行きたがらないお年寄りに、周囲があれこれ説得するのは、かえって逆効果でね…
「デイサービスに行って」＝「邪魔だから家にいないで」と変なとられ方をしてしまうこともあります
あとは気の合うスタッフが誘いに行くと来てくれることもありますよね
おつかれさま
サブローくんも昔、学校に行きたくない日とか、なかった？
ああ…
ほわわ〜ん
!!
そんなこともあったかも
あの日のサブロー少年
学校いきたくない〜
今日やすむ〜
ふふっ

「介護×田舎暮らし」をコンセプトにした介護施設「くろまめさん」の代表、稲葉と申します
スタッフのサブローです
同じくスタッフの花子です
「くろまめさん」で実践している介護は、昔ながらの「田舎暮らし」を取り入れながら、
ただいま～
おかえり～
そして生活の知恵をお年寄りに教えてもらいながら、おもしろく、笑って過ごすことです

起こすのは身体じゃなくて心
ババンッ!
僕の考える介護とは、これです
「心」を起こす…?
お年寄りの中には、「歩けない」のではなく
「歩きたい現実がない」という状況に置かれている人がいることに気づいたんだ
だから、まずは「歩きたい気持ちを引き出すこと」これを大事にしたいと思ってる
そして介護とは、何か特別なお世話やリハビリを急にすることではなく、
うんうん
「その人が歩んできた当たり前の生活を続ける」手助けすることなんですよね
その通り！だから言葉にも気をつけているよ
入浴→お風呂
排泄→トイレ
食事→ごはん

みなさんがご家族の介護をしていく中で、いろんなピンチに遭遇することも多いと思います
・デイサービスに行ってくれない ・怒りっぽくなる
・トイレやお風呂の問題 ・認知症がはじまる etc.
あっ
さっきのピンチ
第1部では、そうしたピンチのエピソードと対処法を紹介します
第2部では、車イスやごはんについてなど介護技術の知識と心構えを紹介します
1部
2部
事前にどんなことが起きるか
わかっていると心がラクになります
くろまめさんの介護のあり方を、この本にめいっぱい詰め込みました
ギュッ
お風呂に入ってもええかねえ？
はーい こっちでーす
くろまめさんの日常、はじまりま～す

くろまめさんで飼っているヤギ。
スタッフのサブローくんの
モデルです

まえがき

みなさん、はじめまして！
介護施設「くろまめさん」（デイサービス）
を運営している稲葉耕太です。
介護の仕事をはじめて20年以上がたちました。

僕の介護の考え方はちょっと珍しいのか
「それでいいの？」とよく聞かれます。
嬉《うれ》しいことに「介護技術を教えてください」と
全国から講演依頼もいただいています。

介護は本当に大変で苦しいことがあるのも事実。
でもちょっと考え方を変えれば爆笑の連続。
僕はお年寄りからいつも元気をもらっています。

ご家族、ご本人、介護にかかわる人が
「めっちゃ笑える介護！」一緒にしていきませんか？

実物の稲葉です。
マンガのキャラクターと
似ていますか？

目次

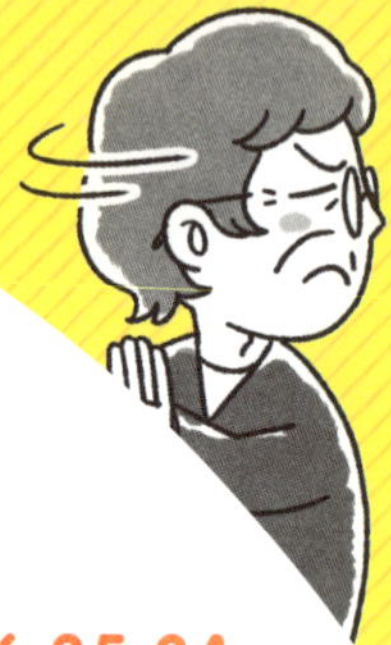

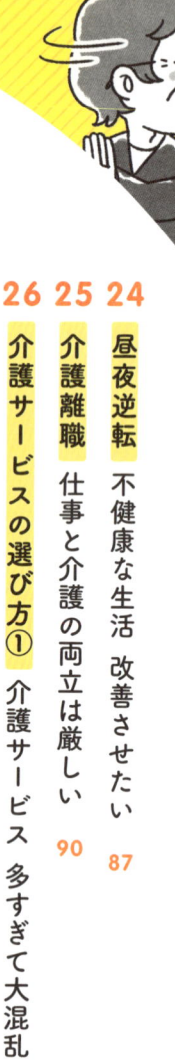

第2部 介護技術7

立ち上がり
じゃあ、立ちましょうね
よいしょおっ…
ピキッ
ザッ
大丈夫か〜
ダッ
いてててて
気をつけてね
介護職で一番怖いのは腰を痛めることだよ
この若さでぎっくり腰になるのはつらいなあ…
それを防ぐために、腰に負担をかけないやり方でもう一回、立ち上がりの介助をやってみよう

あ!
もうちょっと低いイスに座りましょうか
ありがとう
テーブルの高さも調節しますね
脚の高さを調節できる介護用テーブルもありま
テーブルの高さは、おへそのあたりが理想的で

くろまめさんってこんなところ

くろまめさんはデイサービスです。メインは日帰りの介護サービスを提供しています。そのほか一時的なお泊りサービス、介護教室の開催、ピザレストランの運営など、介護と地域をつなげるため、幅広い活動をしています。

編集協力　皆川ちか

マンガ・イラスト　小針卓己

デザイン　萩原弦一郎（256）

DTP　田中久雄、向阪伸一（ニシ工芸）

校正　玄冬書林

編集　中島元子（KADOKAWA）

第１部

介護の大ピンチ51

介護は人によって、環境によって、
「なにができるか」は違うし、正解もありません
そのときできる最善策をとって、
その場しのぎを積み重ねていく——
でも、「こんなピンチが起こる！」
ということを知っていれば、
心構えもできるというもの
これを読めばいざ大ピンチが訪れたときに、
切り抜けるヒントと勇気になるはずです

介護の大ピンチ

1

ひとりで介護

切羽詰まって深夜の大混乱

これを最初にお伝えしたい。介護は人に頼るもの。
まずはあなたの元気が一番大事ですよ

僕はよくお年寄りのご家族に「介護はマラソンです」と説明しています。その心は、やったことのない人の目には、しんどそうに映るかもしれない。だけど実際にやっている人からすれば、それもまた楽しい——と。どちらも**持続させるコツは、ペース配分を考えて、体力を保つこと**。

ある晩、午後11時頃に僕の自宅の電話が鳴りました。かけてきたのは宮崎さんという50代の男性で、母親さと子さん（80歳）はくろまめさんの利用者です。

「母が腰が抜けたみたいに、急に立てなくなってしまいました。どうしましょうっ！」

さと子さんはパニック症と認知症をもっています。親子ふたり暮らしの宮崎さんはデイサービスとヘルパーさんを活用して、仕事と介護を両立させていました。うちのスタッフにもいつも礼儀正しく接してくれる方です。

そんな宮崎さんが、こんな夜遅くに電話してくるなんて。さと子さんの状態もさることながら、宮崎さんの声の切羽詰まり具合のほうが、僕には深刻に思われました。

これはそうとう疲れているぞ。

そこで翌日から、お泊りサービスを利用してもらい、さと子さんを1週間お預かりすることにしました。宮崎さんにはひとりで休息する時間が必要だと判断したからです。

ふしぎなことにさと子さんは、くろまめさんでは普通に立ててましたし、なんの問題もなく歩けもしました。もしかしたら息子さんの疲弊した様子を敏感に感じとり、身体が緊張してしまっていたのかもしれません。

1週間後。宮崎さんはリフレッシュできたようで、笑顔でお母さんを迎えに来ました。さと子さんも久しぶりに息子さんと会えて嬉しそう。こういうとき、介護はマラソンみたいだなあとつくづく感じるのです。

ピンチを分解

「介護はマラソン」と言いましたが、より正確に言うなら、介護はゴールの見えないマラソンのようなもの。その長いマラソンを、できるだけラクに走ってもらいたい。そのために必要なのは並走者（パートナー）を見つけること。家族や親戚、ケアマネジャーさんにヘルパーさん、そして僕らのような介護事業所を頼って負担を分散してください。**頼り方がわからなければ、担当のケアマネさんや地域包括支援センターに相談を。自分でやってしまったほうが早いと思われるかもしれませんが、それは間違い**。

マラソンを楽しく続けるには、自分の体力を回復させるのが一番大事なことです。応急処置として、1泊でもいいので介護施設に泊まってもらいましょう。自分の中に溜《た》め込まず、追い込まれる前にSOSを出してください。

介護の大ピンチ

2

入退院からの機能低下

自力でおしっこできなくなった

入院すると病気は治っても、寝たきりになってしまうこともあるんです。退院後の対応は悩みの連続ですね

介護の世界では、**お年寄りが病院へ入院した際、退院後こそが肝心**だと言われています。なぜなら入院して、そのまま寝たきりになってしまうケースがしばしばあるから。そんな、入退院からの寝たきり、そしてそこから復活を遂げたタミさん（90歳）のお話です。

タミさんはくろまめさんの畑づくりを買って出てくれていて、元気で、いつもにこにこしています。ある日、血便が出たので病院で検査したところ、腸が荒れているとのことで1週間入院することになりました。安静が必要だったため、できるだけベッドから動かずに過ごせるよう尿道にカテーテルを入れることに。

1週間後。腸の具合はよくなったものの、なんと寝たきりになってしまいました。**立てない、歩けない、座れないに加え、一番困ったのは、おしっこも自力でできなくなってしまったこと。いわゆる尿閉**です。

医師からは、この状態で退院なんて無理だと言われましたが、僕の見立てでは、「今ならまだ寝たきりから回復できる」でした。

そういうわけでくろまめさんに戻ってきたタミさんと寝たきり回避の作戦開始！　安全を確保して座ってもらったりと、少しずつ入院前の生活に近づけていきます。医師の指導のもと、カテーテルもやめて、尿意がきたらトイレへ行ってもらうことにしました。

作戦開始から数日後、なんとトイレでちゃんとおしっこが出たのです。それはもう感動ものでした。おしっこがしたくなったらベッドから起きて、立ち上がって、歩いて、便座に座る。これら一連の動作をするのは大変だったと思います。

だけど、久々にトイレで用を足したタミさんは「ああ、やっぱり自分でおしっこするのは気持ちいいなあ」とにっこり。それは本当に会心のおしっこでした。そうして退院してから1週間後、タミさんは畑仕事に復帰できるようになったのです。

ピンチを分解

人の身体は状況にとても順応しやすいです。入院して、ずっと身体を動かせない状態におかれていたら寝たきりになりやすいし、退院して再び身体を動かしはじめたら、回復もしやすい。

点滴による栄養摂取、機械による入浴、カテーテルでの排尿は、本来自分で行う「ごはん」「お風呂」「トイレ」の機会をとり上げることでもあります。そうなると必然的に身体機能は落ちてしまう。ですが、いったん寝たきりになったとしても、タミさんのように**入院前の生活に少しずつ近づけることで、元のように回復する方も多い**のです。

退院後、実はなにも特別なことはしなくていいんです。「ごはん」「お風呂」「トイレ」をできるだけ以前のようにしていく。これが一番のリハビリだと思います。

介護の大ピンチ

3

予測不能な怒り

突然の怒りにおびえる毎日

イライラがはじまったら無理になだめなくていいし、ケンカしたっていいと思いますよ

お年寄りのご家族からの相談ごとで上位にくるのが、怒りっぽくなること。突然怒り出したり、感情に波があったり。予測不能な「怒り」にはハラハラしてしまいますよね。くろまめさんの利用者にもこんな方がいました。

認知症の症状があらわれた努さん（79歳）は、穏やかな性格でしたが、だんだんと感情のコントロールがきかなくなりました。

くろまめさんのリビングルームでほかの人がテレビを見ていたり、おしゃべりしているのをじろりとにらんで、しきりに「子ども見ちゃってくれや」と繰り返すのです。スタッフにもなにかにつけてイライラをぶつけるので、ちょっと困った方とみなされていました。

僕は努さんの話を一度、じっくり聞いてみることにしました。ある日、いつものように「子ども見ちゃってくれや」がはじまると、

「子どもは見てますから心配ないですよ」

と答えました。すると「ああ、そうけえ」と努さんはうなずき、ぽつりぽつりとひとり娘である尚子《なおこ》さんのことを話してくれたのです。その横顔は本当に優しそうで、本来の努さんの人間性を感じました。

後日、尚子さんにそのことを話すと、

「亡くなった母はお世辞にも家庭的な人ではなく、私が子どもの頃から出歩いてばかり

でした。おとなしい父はずいぶん我慢をしてきたんです」

と自分たち家族の歴史を語ってくれました。努さんの「子ども見ちゃってくれや」は、奥さんに「もっと子どもの面倒を見てやってくれ」という、精いっぱいの訴えだったのです。**ずっと我慢してきた感情が、認知症をきっかけにあふれ出した**のでしょう。

以降、努さんの「子ども見ちゃってくれや」モードが発動したら、僕らはそうっとしておくことにしています。昔怒れなかったぶん、せめて今、思いっきり怒ってもらおうと。

ピンチを分解

怒りには背景があります。かつて体験したつらい思いが、認知症になって過去と現在があいまいになっているため、不意にぶり返すことがあります。**本人も怒りの理由はわからないけれど、自分が怒っているということはわかっています**。感情は色あせないんです。

努さんのエピソードで僕は、怒っている人には存分に怒ってもらうのもアリだなと考えるようになりました。介護のハウツー本には「心に余裕をもって怒りを受け流して」といったことが書かれていますが、なかなかそうはできませんよね。だから、介護する人がしんどくならないためにも、相手が怒りはじめたら無理になだめなくてもいいと思う。もっと言うなら、ときにはケンカをしてもいいんじゃないかな(ほどほどなら!)。

介護の大ピンチ

4

激化する親子ゲンカ

キレやすい父の対応が大変で

感情コントロールがしにくくなるのは事実。
でもキレるのには別の理由も隠れているかも？

怒りにまつわるエピソードをもうひとつ紹介します。こちらは介護する側とされる側の感情の行き違いから「怒り」が生まれてしまった場合です。

大手企業を定年まで勤め上げ、引退後も趣味のゴルフやボランティアなど充実した日々を送っていた正夫さん（77歳）。くろまめさんに通うようになったのは、認知症を発症してからでした。まじめな気質の正夫さんは、定年後のライフワークとなった子どもの登下校の交通ボランティアをずっと続けていました。

だけど子どもたちを大声で怒鳴りつけたり、くろまめさんでもいきなり怒り出すことが二、三ありました。同居している娘さんは「父が最近キレやすくなって……」と心配。「認知症が進んできてるんでしょうか？」と尋ねられましたが、僕にはそれほど正夫さんの状態は進行していないように見えました。

ある日、お風呂の介助をしているとき（お風呂はお年寄りとふたりきりになれる空間なので、おしゃべりするのにいい場所なんです）、正夫さんといろいろ話をしました。

話の流れで正夫さんは「娘がうるさい」と漏らしたんです。なんでも娘さんは日常生活のなかでかなり、正夫さんにあれこれと指示を出しているよう。**なにかミスをするたびに叱られて、そのたび自分が情けなくなる**……と。

先日も「お父さん、なんでこんなことするの！」と言われて、ついカッとなり「うるさい！」と逆ギレしてしまったそうです。

娘さんからすれば、よかれと思って細かく注意しているのでしょうが、それが正夫さんの気持ちを少しずつ傷つけていたんです。

お風呂場でのその会話を娘さんに伝えたら「お父さんがそんなふうに感じていたなんて」と、しゅんとしてしまいました。ふたりともまじめな性格で、似た者親子なんですね。

ピンチを分解

娘さん、がんばっていますね。でもちょっと肩の力をぬきませんか？　年を重ね、できないことが増えるのはある意味、人の定めです。**「前はできたのに」と目くじら立てるより、スルーしたほうが楽しく過ごせるし、できないことはできないこととして置いておいたほうが、気持ちは以前のお父さんでいられるかもしれません。**

誰だって頭ごなしに命令されたり、できなかったことを責められると、カッときちゃいますよね。「認知症の人は怒られたこともすぐ忘れる」なんて言われもしますが、そんなことはない。感情も気持ちも我々と同じです。加えて自分自身の認知機能が低下しつつあることも、ちゃんと理解している。だから恥の意識には敏感です。誰でもバカにされたと感じたら猛烈に反発するはず。それは人として当たり前のことで、健康な証拠です。

介護の大ピンチ

5

意欲の消失

母の元気がないんです

自分の希望を言わなくなるのは人に
迷惑をかけたくないという気持ちのあらわれかも

身体が衰えるにつれて、いろいろなことに消極的になっていくお年寄りもいるかもしれません。このまま一気に老いてしまったら……と心配してはいませんか？　そんな態度の裏側には、こんな思いがあるかもしれません。

息子さんとふたり暮らしの加代子さん（79歳）は、なにかにつけて「もういいんです」と言う方。くろまめさんに通うのも渋々という感じで、来てくれても「お風呂に入るだけでいいんです。（お風呂を出たら）すぐに帰りますから」と言うものだから、僕らとしてもちょっと困ってしまう。

食事もあまり食べず、ほかのお年寄りともコミュニケーションしようとしないのです。

せっかくくろまめさんに来てくれているのだから、楽しく過ごしてほしい。そこで僕は、加代子さんに嫌がられるのもなんのその、しつこく話しかけにいきました。そうして少しずつ会話を重ねるうちに、加代子さんは自分が京丹後市の出身だと教えてくれたんです。

「丹後はね、ばらずしがおいしいんですよ」と言う加代子さんに、

「一緒に食べに行きましょうよ！」と返すと、

「いいえ。私なんてもういいんです」

と、加代子さんはパタパタと右手を横に振ります。でも、その後何度も「丹後はばらずしがおいしいんです」と繰り返すんです。ひょっとして加代子さんは、**自分からあれがしたい、これが食べたいと言うのは嫌で、「勧められたからそうする」「誘われたから行く」**

ということにしたいのかな。

そう思った僕は、なんだかんだと理由をつけて加代子さん（とほかのお年寄りの方々）を京丹後までドライブに誘い、人気のばらずし屋さんに立ち寄りました。加代子さんはそこで、ぺろりとばらずしを平らげて、「丹後はね、ばらずしが名物なんですよ～」とほかのみなさんに楽しげに話しかけていました。

ピンチを分解

老いる中で次第に積極性を失っていく人もいます。だからといって「したい」「食べたい」という気持ちまでなくなるわけではありません。**感情も欲求も生きている限り消えないし、本人は意識していなくとも、相手から誘ってくるのを待っているのではないでしょうか**。「どこかに行かない？」と誘って断られても「あそこの公園の桜の木は立派なのよね～」とか、「どこそこで食べたとんかつ、おいしかったなあ」とか。言葉の端々に「気づいてサイン」は潜んでいます。

はっきり言ってくれたらいいのにと思うのは当然ですが（苦笑）、どうか声をかけてあげてください。きっと加代子さんも、自分のほうからあれこれ言うのは悪いなあ……と、遠慮して「もういいんです」と口にしていたんでしょうね。

介護の大ピンチ

6

認知症と正常のはざま

記憶がどんどんなくなるんです

どんどん思い出せなくなる怖さ。
僕らができることは「つらいね」と話を聞くことだけです

認知症の症状があらわれはじめたときには、ものごとをだんだん記憶できなくなってくる自分に動揺して、気持ちが不安定になる方もいます。どうしたら元気をとり戻してくれるのか。そばで見ているほうもつらいですよね。

多恵さん（75歳）は認知症と正常のはざまにあり、思い出せないことが次第に増えてきました。**もともとしっかり者だっただけに、日常生活で些細《ささい》なミスが積み重なっていくにつれ、できない自分に腹立ちを感じる**ようになりました。

衝動的に家を飛び出して隣町で迷子になったこともあれば、自分の頭をこぶしで何度も叩《たた》いて泣きじゃくることも。

「私の記憶、戻って」

と叫ぶ多恵さんは本当につらそうだった。

だけど昔のことはとてもよく憶えていて、若かった頃の思い出話をときどき語ってくれます。そうした話を聞くうち、「エミちゃん」という友だちが何度も登場することに気がつきました。なんでも多恵さんとエミちゃんはどちらも遠方からこの地に嫁いできて、かつてご近所同士だったそう。似通った立場から互いに励まし合い、とても仲がよかったとのこと。その後、エミちゃん一家は引っ越して、それっきりになっていました。

調べてみたところ、なんとエミちゃんは近くの町のケアハウスに入居していたのです。

さっそく多恵さんと一緒にエミちゃんに会いにいきました。

「ああっ、エミちゃーん！」

「あああっ、多恵ちゃーん！」

何十年ぶりだというのに、ふたりはお互いが誰なのかすぐわかり、どちらも顔をくしゃくしゃにして抱き合いました。その光景はすごく感動的で、僕まで嬉しくなってしまった。

それ以来、多恵さんの混乱期は少しずつおさまっていったのです。きっとエミちゃんとの再会が多恵さんの心を落ち着かせたのでしょう。

ピンチを分解

認知症と正常のはざまの混乱期は、認知症の方が最初に直面する苦しみです。それまではできていたことが、できなくなっていく不安と恐怖はどれほどでしょう。そういうとき、他者はただ見守るしかない気がします。**その人の話に耳をかたむけて「つらいよね」と共感してあげてください**。ご本人は周囲の動揺や不安感を敏感に感じとるので、腫れものにさわるように扱ったり、「大丈夫よ」とむやみに励ましたりしないほうがいいでしょう。

話を聞いているうちに、今回の再会のような「心を穏やかにするなにか」を発見できるかもしれません。もし発見できないとしても、話を聞くだけでも落ち着く方は多いです。

7

帰宅願望

家にいるのに「帰りたい」

「うちはここでしょ」と説得しても
通じないんですよねぇ

自宅にいるのに「うちに帰りたい」と言われて戸惑う――。これもまた介護をしている人なら一度は直面する事態でしょう。「うちはここでしょ」と、いくら理屈で説明をしてもわかってもらえない……。くろまめさんにもそういう方がいます。

太一さん（84歳）の口癖は「家に帰りたい」。くろまめさんにいるときだけじゃなく、自宅にいるときもしきりにそう言ってはリュックに荷物を詰め込みます。

ご家族は、太一さんが**外へ出ようとするのを引き留めますが、そうされればされるほど太一さんは興奮して「帰りたい！」と訴えます**。あるときなど、ひとりで出かけて迷子になり、交番で保護してもらったことも。

そこである日、太一さんが「家に帰りたい」と言い出したとき、僕は「じゃあ一緒に帰りましょうか」と共にくろまめさんを出ました。すると太一さんは自宅方向ではない道を、すたすた歩きはじめました。

足腰の丈夫な太一さんは僕よりも速いくらいのペースで、くろまめさん周辺の農道を、しっかりとした歩みで進んでいきます。僕は黙って彼についていきました。太一さんの頭の中には今、どんな思いがあるんだろうなあと考えながら。

30分ほど歩き続けると、前方に喫茶店が見えてきたので、「お茶でも飲みませんか？」と太一さんに声をかけました。僕たちはアイスコーヒーをゆっくり飲んで休憩してから、

「そろそろうちに帰りましょうか」と太一さんに促すと、彼はすっきりとした顔つきで、

「うん。帰ろう」

そして僕たちは来たときよりものんびりとした歩調で、くろまめさんに帰りました。

それ以来、太一さんが「うちに帰りたい」と言い出したら、スタッフの誰かが太一さんと一緒に散歩をするようになりました。

ピンチを分解

「うちに帰りたい」というのは「どこかへ行きたい」という気持ちのあらわれなのだと思います。太一さんの場合は、自宅やくろまめさんの中にずっといることにストレスが溜まって、その思いを「帰りたい」という言葉で表現していたのではないかな、と。ただ、本人の意識の中でそれが「外出」という言葉と結びついていなかった。

もし今度お年寄りから「帰りたい」と言われたら、「コンビニに行かない?」とか「ちょっとお茶でも飲みに行かない?」と口実を作って散歩に誘ってみてください。**しばらく外を歩くと、ふしぎと落ち着く場合も多い**です。もしも相手がひとりで歩きたい様子だったら、少し離れて、後ろからついていくのがいいでしょう。「ここが家だから!」とガチンコでぶつからず、しょうがないなとやり過ごすことも大切です。

介護の大ピンチ

8

過食

いくら食べても お腹がすくの！

話を合わせて不満をやわらげて。
そんな対応でいいのかもしれません

認知症の方の中には、「過食」の症状がみられることがあります。満腹中枢が働かなくなり、食べても食べても満足できません。

くろまめさんに通う、ひろ子さん（80歳）も、とにかく食べる！　おばあちゃんです。くろまめさんは居間とキッチンが一体なので、いつもおいしい匂いが漂っています。ひろ子さんは「朝からなにも食べてないよ。なにかちょうだい」と、30分おきにキッチンにあらわれます。

そんなときは「そうなん？　まだごはんできてないから、みかんでいい？」などと、お料理中のスタッフが応じます。

家でもその調子らしく、同居する息子さん夫婦は怒り心頭。「いくら食べても、食べてない！　食べさせてくれない！　って、こっちが怒られるんですよ。よそでも言うから、ひどい嫁やと思われてるでしょうね」

ほんと、お気持ちわかります。好きなだけ食べてほしいけど、健康面も心配です。くろまめさんでは、**1食をご本人がわからない程度に少し減らして、合間におやつや、手作りのおかずのストック、フルーツなど、できるだけ小出しにして食べてもらっています**。また、退屈だと食欲にばかり気がとられます。ですからひろ子さんの好きな作業を頼んだり、遊びに誘ったりしています。夢中になることがあれば、その間は食べ物のことを忘れられるのです。

ピンチを分解

過食の症状は「食べたでしょ！」などと過剰に反応するのは逆効果。**いつでも食べさせてくれるという安心感や、気が晴れるような楽しい時間があれば、いつの間にか症状は消えていきます**。大事なのは、ご本人の不満を和らげてあげること。それに普段からよく食べているくらいのほうが、病気になったときの体力になるとも考えて、ぜひとも大目にみてあげてください。

「食べたでしょ！」と説得するよりも、「小出し作戦」のほうがご本人も周囲もハッピーなんですよね

ガチンコ勝負はやめちゃいましょう

介護の大ピンチ

9

老々介護

危なっかしい高齢者夫婦

子どもの心配は尽きませんね。でも老々介護って
本人たちからしたら意外と楽しいのかもしれませんよ

「老々介護」というと暗いイメージがつきまといがちです。「老々介護」が原因で起こる痛ましい事件が、ときどきニュースで報道されるからでしょうか。だけど、こんな「老々介護」もあるのです。

篤《あつし》さん（83歳）とサチ江さん（84歳）は仲のいいご夫婦。認知症がはじまったサチ江さんを篤さんはなにくれとなく介護して、その姿は傍目《はため》にも微笑《ほほえ》ましく映りました。

ある日の送迎時、スタッフの花子ちゃんは篤さんに「サチ江さんは幸せですね。こんなにお世話してくれる旦那さんがいて」となにげなく言ったそうです。すると篤さんはちょっぴり照れた笑顔で、「僕のほうが支えてもらってるんですよ」と。

その数か月後のこと。篤さんが玄関先で宅配便の人の対応をしている間に、サチ江さんは室内で転倒して足を骨折してしまいます。高齢の両親がふたりで暮らしているのを前々から心配していたお子さんたちは、これを機にサチ江さんを入居型施設へ入れるよう主張します。費用は自分たちがもつから、父さんには母さんの介護から解放されて、のんびりしてほしいと――。

サチ江さんにケガをさせてしまったことを悔いる篤さんは、子どもたちが心配するのももっともだと考えて、その提案を受け入れました。

サチ江さんは少し離れた町の施設へ入所し、篤さんはひとりで暮らすようになりました。

ところが**介護の負担がなくなった途端、篤さんはがっくり老け込み、認知症の症状もあらわれるようになった**のです。そんな篤さんを見て、花子ちゃんは言いました。

「篤さんはサチ江さんの介護をすることで元気をもらっていたのかもしれませんね」

たしかにそうかもしれません。くろまめさんへ通うようになった篤さんを誘って今度、サチ江さんに会いにいこうと思います。

ピンチを分解

いかがでしょうか。お子さんたちは両親を心配し、篤さんもそれがわかっているだけに、「こうすればよかったのに」という正解はなかなか見つかりませんね。

「老々介護」の場合、篤さんのように妻（夫）の世話をすることが自分自身の気持ちの張りになっていることもあるのです。とりわけ仲のいいご夫婦だとよくあります。また、夫婦のどちらかだけが施設に入ることで、残された側が急速に老いてしまうことも。

施設に入るというのは本人だけでなく、長年共に暮らしている相手の生活も変えることです。生活が変わると心が不安定になり、認知症の引き金となるかもしれません。高齢夫婦がそれなりにバランスを保ちつつ暮らしているなら、できるだけその生活を続けられるようサポートするのもひとつの手です。

介護の大ピンチ

10

遠距離介護

オール電化に戸惑う親

遠く離れて暮らす親、心配ですよね。正解はないけれど
このやり方はおすすめできないと思うことはあるのです

「スーパーのセルフレジでキレるお年寄り」を見かけたことはないでしょうか。周囲のお客さんや、怒鳴られた店員さんはびっくりしますよね。その人たちは怒りたいわけではなく、セルフレジの使い方がわからなくて混乱し、感情的になっちゃってるんじゃないのかなあ……と思ったりします。

セルフレジに限ったことではなく、タッチパネルやスマホなど最新のシステムに戸惑うお年寄りは多いんです。例えばこんなエピソードも。

みい子さん（88歳）は8年前に旦那さんを亡くしてから、ひとりで暮らしています。元気で明るく、かわいらしいおばあさんで、くろまめさんでも人気者。料理上手で、お昼ごはんのお手伝いをいつもしてくれます。

少しずつ認知症の症状がでてきて、それでも日常生活は問題なくこなしていました。ですが、離れて暮らす娘さんはお母さんが火事を起こさないかと心配し、実家をオール電化にしたのです。台所のガスコンロはＩＨクッキングヒーターに、お風呂はエコキュートに。ガスを一切使用しない最新型の住宅へと大改装しました。

ところがみい子さん本人は**ＩＨにもエコキュートにも、なかなかなじめません。娘さんが繰り返し使い方を教えても、どうにも覚えられない**のです。また、お風呂が焚《た》けたら「お風呂が沸きました」と知らせてくれる電子音声が怖いそう（聞き慣れない音声だからでしょう）。

「くろまめさんにいると、うちにいるより、ほっとするわあ」

そんなことを、ぽつりとおっしゃいました。

次第にみい子さんは料理をしたがらなくなり、お風呂にも入りたがらなくなり、認知症が急速に進んでいきました。そうして家事はおろか、着替えも自分ひとりではできなくなってしまい、すべての意欲を失って、うつ状態になってしまいました。自宅をオール電化にしてから、わずか数か月後のことでした。

娘さんがよかれと思ってしたことが、かえって逆効果になってしまったかもしれません。

ピンチを分解

慣れ親しんできた環境を変えることで認知症が進むケースは、けっこうあるのです。ガスコンロからIHクッキングヒーターに変える、お弁当の宅配サービスを頼む、など。お年寄りが火事や事故に遭うのを防ぐため、よかれと思ってやったこと。たしかに新しいものにふれることで脳が活性化することもありますが、一方で新しいものに混乱し、心が萎縮してしまうこともあって。本当に介護は難しいですね。料理が好きで、ガスコンロに慣れているのなら、ヘルパーによる安全確認の機会を増やすなど、**なるべくこれまでの生活を変えることなく、少しでも安全にできる工夫を模索するのもいいのではないか**と思います。

11
同居拒否

同居するのは親孝行でしょ？

本人の暮らしたい場所はどこなのかが大事。
子どもとの同居を望んでいない親はけっこう多いんです

親に介護が必要になったら同居するべきだと思いますか？　そうしたほうが親も寂しくないし、なによりの親孝行になるだろうと。たしかにそうかもしれませんが、こんな方もいるんです。

秀治さん（88歳）は、川べりの崖っぷちにある木造家屋に暮らしています。自ら材木や瓦などを調達し、大工さんに頼まずに、文字どおり自分の手で建てたそうです。建て増しや修繕を重ねて、もう半世紀近くもその家で暮らしてきました。ＤＩＹの先駆けですね。

数年前に奥さんが病気で亡くなり、現在はひとり暮らしをしている秀治さんですが、認知症の症状がみられるようになりました。折しも自宅が市街化調整区域に入ることになり、行政から立ち退くようにとの知らせがきました。

結婚し、独立した娘さんは秀治さんに、以前から何度も同居しようともちかけていました。ちょうど自宅を改築してお父さんの部屋も用意してありますから……と。

「いいお話じゃないですか」僕がそう言うと、秀治さんは、

「俺は死ぬまであの家で暮らしたかったんだがなあ」

と、なんともいいようのない表情をしたのです。

それから少しして、秀治さんは娘さん一家と同居することを決心しました。引っ越しの直前、京丹波町一帯はすさまじい豪雨に襲われ、くろまめさんも送迎車を出せなくて、急きょ休みに。

翌日の朝。崖下を流れる川の下流のほうで、秀治さんがご遺体となって発見されたのです。たぶん昨夜、雨が降る中、外の様子を見に行って足を滑らせ、転落したのだと思います。お葬式で娘さんは目を真っ赤にして、言いました。

「もっと早くお父さんを、あんな掘っ立て小屋みたいな家から引きとればよかった」

でも、秀治さんは**自分の望む場所で最期まで生ききったと言えるのかもしれません**よ。

その言葉を僕は心の中でだけ、呟《つぶや》きました。

ピンチを分解

お年寄りと日々接していて感じることは、**自分の住まいに愛着を覚えている方が想像以上に多い**ということです。特に一軒家に住んでいるおじいさんの場合は、自分がこの家を建て、家族を守ってきたのだという誇りとも結びついている気がします。**子どもたちとの同居を望んでいない方も、案外多い**んです。負担をかけたくない気持ちもあるのでしょうし、この年齢で環境を変えることへの不安や、子どもたち家族に気を遣いたくないというのもあると思います。

暮らしたい場所で暮らすことは、心の安定にもつながります。個人的には、本人が望む場所でできる限り人生の最期の時間を過ごしてほしいなと思っています。

介護の大ピンチ

12

介護医療用ベッドの落とし穴

退院したら オムツ生活

一日中、寝間着でベッドの上で過ごしていると
どんどん病人のようになってしまうんです

「寝食分離」という言葉があります。寝る場所と食べる場所を分けるという意味。これ、介護の場では、とても重要なんです。

晴子さん（100歳）は、スーパー長生きおばあちゃん。歩行器を押してスタスタ歩き、畑や料理のことを尋ねると「そんなことも知らんのか？　こうして、こうして、こうするの！」と、なんでも教えてくれます。その記憶のたしかなこと！

その晴子さんがコロナに感染し、ご高齢のため入院されることになりました。その10日間でなんと、寝たきりに……。退院してくろまめさんに帰ってきましたが、ぼんやりとして話しかけても返事もなく、イスに座るとゆらゆらと身体が揺れて、倒れてしまいます。

「10日間、ベッドの上やったからねえ。やっぱりオムツになっちゃった。この歳やし、しょうがないねえ」

と、お嫁さん。でも、スタッフの花子ちゃんは、

「いや、晴子さんにはがんばってもらいます！」

と、いつになく真剣な顔です。

それから、はじまりました。花子ちゃんが上体を支えながらイスに座る練習。その姿勢でごはんを食べる。トイレに座って用を足す。座ってお風呂につかる。練習に次ぐ練習。するとさすがスーパーおばあちゃんの晴子さんです。もち前の気合が戻ってきました。は

じめは身体が安定せずゆらゆらしていた晴子さんも、徐々にしっかり座れるようになり、立てるようになり、なんと再び歩行器で歩けるようになったのです。

「花子ちゃん、がんばったね」と僕が言うと、

「いえいえ、私なんてなんにもしてません。晴子さんが、がんばれーがんばれーて、独り言をいつも言うてはるでしょ。あれ、自分に向かってついつい言ってしまうんですって。私はちっともがんばれてない！って。すごいですよね。100歳になって、私、あんなにがんばれません」

ほんと、晴子さんってすごいです。僕もあんなにがんばれません（汗）。

ピンチを分解

介護ベッドは高さも変えられるし、頭や足が自動で上下し便利です。便利すぎて、その上で生活できてしまいます。寝る、食べる、座る、オムツにすれば、用も足せます。病気やケガの急性期なら必須です。でも、**頼りすぎてそのまま過ごすと、身体機能が低下し、すぐに寝たきりになってしまう可能性もあります**。寝るところ、食べるところ、用を足すところなどをできるだけ早く、本来の場所に戻しましょう。夜は寝間着でも、昼は着替えるなど、当たり前のメリハリも大切ですね。一日中、寝間着でベッドに寝ていると、誰でも病人のような気持ちになってしまうものです。

介護の大ピンチ

13

脳梗塞で寝たきり

無表情、無反応でむなしいです

寝たきりで話すこともできない人の介護は不安でしょう。
でも感情はしっかりありますよ。僕は確信しています

寝たきりで言葉を話せず、話しかけても無反応のお年寄りの介護をしていると、相手の気持ちがわからなくて不安になるし、なんだかむなしい。そう思うのは当然です。寝たきりの方との意思の疎通に関するエピソードをお話しします。

学習塾の先生をしていたリホさん（76歳）は聡明《そうめい》でしっかり者。たくさんの生徒や保護者に慕われていた方でした。数年前に脳梗塞になって以来、寝たきり状態となりました。食事は胃ろう（経管栄養の一種）で、話すことも、表情を作るのも今のリホさんには難しいのです。お子さんたちは独立して遠いところに住んでいるので、夫の重文さん（77歳）が介護をしています。

そんな日々を過ごす中、くろまめさんのスタッフが、偶然にもリホさんの元同僚の矢倉さんという方と知り合いだったことがわかりました。僕らはふたりが会う機会をセッティングしました。この矢倉さん、とても明るい性格で、久々に再会したリホさんが寝たきりになっていることにも動じません。

「やーだー、先生。ずいぶんおばはんにならはってぇ。あ、私もか！」

と、テンション高くリホさんに話しかけます。反応を示さないリホさんにもなんのその、昔の思い出話から今はなにをしているか、など、さまざまな話題をリホさんに振る矢倉さん。

すると、ずっと無表情だったリホさんの表情がだんだん和らいでいったんです。矢倉さ

んはにっこりして、

「先生、やっぱり笑うとかわいらしいなあ」

思わず矢倉さんが涙ぐむと、なんとリホさんの目からも、涙がつつーっとひと筋、流れたんです。しゃべることはできなくとも、リホさんの気持ちが、その場にいる全員に伝わってくるのを感じました。

「喜んでますわ」

隣にいる重文さんが、しみじみと呟きます。僕は胸を詰まらせて、うなずきました。

ピンチを分解

寝たきりで、会話も、顔の筋肉を動かすこともできない方との意思疎通には戸惑いますよね。こちらがなにをしても無反応だし、せめて表情で気持ちを伝えてくれたらなあという思いを抱えて介護している方も多いでしょう。でも、**無表情であっても感情は消えていません**。例えばいつも目を閉じていて、ぱっと見、寝ているのか起きているのかもわからないような状態の人でも、感情はしっかりあることを僕は経験を通して確信しています。普通に話しかけたり、手をさすったりしてあげてください。それで十分コミュニケーションになります。

その人が会いたいであろう人に、ぜひ会わせてあげてください。感情が刺激されます。

介護の大ピンチ

14

男性が介護を担う

父が母を介護
大丈夫なの？

介護を担っている男性はしっかり者が多いイメージ。
しっかりしすぎているがゆえの心配があります

昔は介護というと、妻やお嫁さんなど女性の役割だと思われていました。だけど普通に考えたら男性も配偶者や親の介護をするのは当たり前のこと。ピンチ13のリホさんのエピソードを、旦那さん視点から見てみましょう。

重文さんは脳梗塞になった妻のリホさんとふたり暮らし。娘さんがふたりいますが、それぞれ東京と仙台に住んでいて、なかなかこっちに来られません。子どもたちに迷惑をかけたくないという重文さんは、自分ひとりでリホさんを介護していました。

まじめな性格の重文さんは介護本を読み込んで勉強し、くろまめさんの介護教室にも参加するほど熱心でした。

リホさんの**一日の予定をしっかり立て、胃ろうの経管栄養をする時刻や分量、水分補給に関しても、とにかくきっちり数値を把握しています。ずぼらな性格の僕からすると「そこまできっちりやらんでも」とも思った**のですが、そんなことを言うのも余計なお世話なので黙っていました。

さて、矢倉さんがやってきた日。話が盛り上がっているところで経管栄養の時刻が近づいてきました。重文さんが、次第にそわそわしてきます。矢倉さんはそんな重文さんの様子にはまったく気づいていません。

そわそわがイライラに変化していく重文さん。僕まで落ち着かなくなってきて、いっそ第三者であるこちらから「そろそろこの辺で」と会話をカットしようかと思いかけたそのとき、リホさんが微笑んだのです。

重文さんが、はっと息をのむのがわかりました。

この日を境に重文さんの介護は、前よりもちょっぴりのんびりペースになりました。意識的に息抜きの時間も作るようになったそうです。

ピンチを分解

男性で介護をしている方には、責任感の強い人が多いように見受けられます。自分の家族の面倒は自分でみる、という思いからかもしれません。でも、そうなるとひとりで抱え込みがちになってしまう。介護はひとりではできません。どんどん他人を頼って施設やサービスを使ってください。愚痴や相談も我慢しないで吐き出して。

スケジュールやエビデンスにこだわっていると、介護が次第に「作業」に変わっていきます。でも、介護は思いどおりにはいかないもの。完璧な介護なんてないし、「自分がしっかりしなければ」なんて感じる必要もない。なんなら一緒にいるだけで、すでにそれは「介護」なんです。

介護の大ピンチ

15

治療の線引き

胃ろうをする？しない？

どこまで治療をするか、突然問われるかもしれません。
できれば気持ちを確認しておくといいでしょう

身体機能の低下や認知症の症状などで、食べられなくなることがあります。うまく飲み込めない、食欲がなくなるなど原因はさまざまです。そういう状態が長く続くと、今の日本の医療では「胃ろう」を勧められることが多いです。お腹に穴を開けてチューブを通し直接、胃に栄養を入れる方法です。とにかく栄養はしっかりとれているので、食べられない状態より、長生きできますよ。ということです。

静子さん（89歳）は、10年前に脳梗塞になり、半身麻痺《まひ》になりました。くろまめさんに通いながら、娘さんの熱心な介護で在宅生活をしていました。あるとき、誤嚥《ごえん》して肺炎になり、長期入院することに。お医者さんから胃ろうを勧められ、娘さんは少しでも長生きしてほしいからと、胃ろうを造設することにしました。

家に帰りはじまった生活は、朝昼晩の3食、栄養を注入する日々。以前くろまめさんでは、静子さんはお昼ごはんが楽しみで、よく手伝ってくれていました。胃ろうになってからは食べ物や調理には気分的にも関われず、みるみる表情がなくなり、言葉も出にくくなってしまったのです。娘さんも3食胃ろうを注入することに必死で、合間に急いで用事を済ませたり、友人からのお誘いにも億劫《おっくう》になって、家にこもるようになっていきました。

それから5年ほど静子さんは長生きできたのですが、亡くなられたとき、娘さんは疲れきった姿でした。

「稲葉さん、私、間違っていたかもしれません。お母さん、5年間もなにも食べられずに亡くなりました。本人は誤嚥してもいいから、好きなものを食べて飲んで、逝きたかったのかも」

静子さんの御仏前には、大好きだったシュークリームが供えられていました。僕はなにも言えませんでした。「どうしても長生きしてほしかった」「短命でも好きなことを楽しんでほしかった」。どちらも、お母さんを思う気持ちにあふれています。どちらが正解か、なんて誰にもわかりませんよね。

ピンチを分解

胃ろうや人工呼吸器など、さまざまな延命治療が普及したのは70〜80年代くらいからで、実はそんなに昔ではありません。それまでは食べられなくなったら、ゆっくりと枯れていくように、人間は最期を迎えていたんです。今は、胃ろうを造設して、人工呼吸器をつけてと、どこまでも延命の手段があります。**もし決断に迷ったら、胃ろうや呼吸器をつけた、その後の生活を想像してみてください**。そして元気なときにこそ、家族や自分自身のもしものときはどうしてほしいか？　ちょっと話をして、気持ちを確認しておくといいですね。どんな決断であっても、幸せな最期を迎えられることを願います。

介護の大ピンチ

16

身体の異変

ケガの回復がやけに遅い？

ケガと病気は思わぬところでつながっていたりします。
お風呂はそれに気づける絶好のチャンスです

お年寄りがお風呂に入るのをお手伝いしていると、その方の身体の異変に気がつくことが時々あります。その一例を紹介します。

3年前からくろまめさんに通っているあや乃さん（84歳）。最近「腰が痛い」としきりに訴え、自宅の階段を上り下りするのもつらくなってきたそうです。ご家族の勧めで医師の診察を受けると、腰部の圧迫骨折が判明しました。折しも病院に入院している間にコロナ禍となってしまい、お見舞いに行くこともできませんでした。

数か月後、ようやく退院できたあや乃さんが、くろまめさんに帰ってきました。

「ああ、またここのお風呂に入れて嬉しい」

うちの自慢のひとつでもある、青森の天然ヒバの木を使った浴槽は、あや乃さんのお気に入りなのです。

さっそくお風呂に入ってもらったのですが、介助をしたスタッフの花子ちゃんは、ある違和感に気づきました。あや乃さんの左胸に、以前はなかった大きなしこりがあったのです。

いつからあるのかと尋ねると、「いつの間にかできていた」とのこと。病院で検査すると、乳がんであることがわかりました。そこでハッとしたのです。もしかしたら腰の痛みも、がんからきていたのではないかと。圧迫骨折する方はこれまでにも何人か見てきたのですが、あや乃さんはやけに回復が遅くて、変だなあと思っていたんです。その危惧は的中し、ＣＴ検査の結果、あや乃さんのがんはすでに腰骨まで転移していることがわかりました。

ご家族からは「おばあちゃんのお乳のしこりに気づいてくれて、ありがとうございます」と言われましたが、もっと早く異変に気づけていたらと悔やまれてなりません。

その後、あや乃さんは亡くなるまで、くろまめさんでのお風呂を楽しんでくれました。

ピンチを分解

お年寄り本人は気にしていないかもしれない（もしくは気づいていない）身体の異変。あや乃さんの胸のしこりの場合のように、痛みや不快感がなければあえて口にするまでもない、と教えてくれない方も多いんです。特に認知症の方は自分の身体の不調をうまく言葉にできなかったり、自覚するのが遅れがち。お風呂の時間は、そうした身体の異変に気づけるチャンスです。

同時に、頭の片隅に入れておいてほしいのが、骨折をはじめとするケガの治りが遅いのは、ひょっとしたら病気と結びついているからかもしれないということ。ケガと病気は一見、関係ないように見えますが、思わぬところでつながっていたりもする。**「ケガの治りが遅いのは病気のサイン」**。**これを僕は忘れないようにしています。**

介護の大ピンチ

17

生活の再構築が必要

「オレはまた、歩きたいんや」

生活リハビリを考えてみませんか。機能訓練ではなく生活の中で、必要なことを繰り返し練習することです

突然のケガや病気、障害を抱えると、深く落ち込んでしまうのは当然ですよね。**以前の自分ならできたことが、思うようにできなくなるのです。そこから介護ははじまります。**まずは生活を再構築していかなければなりません。僕たちのような介護のプロなら腕の見せどころではないでしょうか。

今回は吉次さん（80歳）の復活エピソードです。吉次さんは肩のケガの治療のため、入院しました。ケガは治ったのですが、長い入院生活で筋力が低下し、歩けなくなってしまいました。それから車イス生活がはじまりましたが、自由に動けないので、家では家族にイライラ。くろまめさんに来ても浮かない顔。吉次さんが楽しめること、なにかないかなと、スタッフも悩んでいた頃でした。なにげない世間話の中で、吉次さんがスタッフのサブローくんに呟いたそうです。

「オレはまた、歩きたいんや」

サブローくんはびっくりしました。吉次さん、なんだか投げやりになっているように見えたけど「歩きたい！」という思い、諦めてなかったんです。「また歩きましょうよ！僕、協力します！」と、サブローくんはすぐに賛成しました。

早速、花子ちゃんとふたりで「吉次さん歩行応援チーム」を結成。まずは家のベッドからトイレまで。次はベッドから玄関まで。送迎のたびにちょっとずつ練習しはじめました。

玄関から車に乗って、くろまめさんの玄関からリビングまで。ゆっくりと無理せず少しずつ距離は伸びていき、ついには吉次さん、以前のように歩けるようになったんです。

「勝手に元気になったわけやないで。元気になろうって自分に言い聞かせたんや！」

と、吉次さん。今では、自信に満ちたお顔をされています。

ピンチを分解

これは生活リハビリといって、いわゆる機能訓練ではありません。生活の中で、必要なことを繰り返し練習し、不自由なくできるようになる。今回の成功は、吉次さんの強い思いのたまものですね。でも、このようにうまくいくケースばかりではありません。そんなとき、生活を作り直していくことはとても大事です。例えば、買い物はどうする？　ごはんはどうする？　移動は？　お風呂は？

介護のプロを迷わず頼ってください。ご本人にとって心地よく暮らせる生活を一緒に作っていきます。でも、ご家族の思いも不可欠です。

介護で最も大切なのは、「身体じゃなくて心を起こす」こと。あそこに行きたい！　あの人に会いたい！　もう一度〇〇したい！　そんな思いをサポートすることが、介護の醍醐味《だいごみ》だと思うのです。そして、それはどんな立場の人にも共通してもっておいてほしい考え方です。

介護の大ピンチ

18

耳が遠い

おーい!!!!
聞こえてる?

大声だと反響して余計に聞きとりづらくなるんです。
コツは「耳元でゆっくり低い声」ですよ

「うちのおばあさん耳が遠くて、これくらい大声で話さないと聞こえないんですよ。ねえ！　おばあさん!!」

スミレさん（94歳）の初利用の日、息子さんは怒鳴るようにしてスミレさんに話しかけておられました。スミレさんは聞こえているのか？　いないのか？　ポーカーフェイスで苦笑い。

スミレさんは快く、くろまめさんに通ってくれるようになりましたが、みんなの輪に入って会話を楽しむということはほとんどありません。元々静かな方なのか、いつも縁側に座って、のんびりとみんなの様子を見守っている。そんなおばあちゃんです。

あるとき、スタッフの花子ちゃんがスミレさんと、コソコソと楽しそうに話しているのを見かけました。僕が「なにを話してるの？」と聞いても、ふたりは「ひみつ」と言うばかり。僕は、スミレさんがあんなに楽しそうにお話しているのを初めて見たので、その日のスタッフミーティング「終わりの会」で花子ちゃんに、しつこく聞いてみました。

「秘密なんやけど、しょうがないですねえ。恋バナですよ。スミレさんの初恋の人の話です」

「ふむふむ！　ぜひとも詳しく教えなさい！」

スミレさんは初恋の人と、かなり親しい仲になっていたのですが、彼は戦争に行ってしまい帰ってこられなかったとか。その後、スミレさんはお見合いで優しい旦那さんと出会い、幸せになったけど、今でもたまに思い出すらしいのです。その彼のお顔や声を。うーむ。いくつになっても女子！　恐るべし！　ですね。自分の奥さんのこと、心配になりました（汗）。

そういうことがあってから、スミレさんとスタッフで、コソコソとなにかお話している光景をよく見かけるようになりました。**ワイワイみんなで話をすると聞こえなくて困るけど、ふたりで顔をくっつけて、ゆっくりお話すると、スミレさんは意外とおしゃべりな方**だったんです。

ピンチを分解

今回のスミレさんがまさにそうでしたが、耳が聞こえにくくなったからといって、大声で話す必要はありません。反響してよけい聞きとりづらくなるのです。**コツは、耳元でゆっくり低い声で話しかけること。そして、ただの社交辞令の声かけではなく、本当に話したいことを話すこと。**特に女性は、話題が豊富です。自分の恋の相談なんかしてみては？　きっと快くアドバイスしてくれますよ。

介護の大ピンチ

19

介護事故

ケガをさせてしまった！

生活する以上、リスクはゼロにできないんです。
まずはそこを知ってどうするかではないでしょうか？

お年寄りの介護をしていると、ケガをさせてしまうこともあるかもしれません。階段から転落したり、つまずいて転んだり。お茶を飲んでいてむせて危険な状態に陥ることも。**プロである僕たちも介護事故を完全に防ぐことは難しい**です。

くろまめさんの台所はオープンキッチンになっていて、スタッフもお年寄りもいつも一緒に作業をしています。お茶の時間になったのでスタッフのサブローくんがヤカンを火にかけていました。ところがほかの方に声をかけられ、少し目を離したとき繁和さん（85歳）がヤカンを倒してしまったのです。

さいわいお湯はちょっとしかかからず、手を少しやけどするくらいでした。だけど、一歩間違えたら大やけどになっていたかもしれない。

僕とサブローくんは繁和さんのご家族に謝りに行きました。謝罪だけでなく、こういうときは状況説明もしっかりしなければなりません。なぜ事故が起きたのか、そのときの状況を包み隠さず説明し、対策も立てる必要があります。

これはまだ新人であるサブローくんにさせるのは、難しいかもしれない。

そう判断して責任者である僕が引き受けようと思っていたのですが、サブローくんは自分で話したいと申し出て、ご家族に当時の状況を説明しました。

「本当に申し訳ありませんでした」

深々と頭を下げるサブローくんの心が、ご家族に伝わったのだと思います。最初はかたい表情をしていたけれど、最後には「今後もうちのおじいちゃんをよろしくお願いします」と言ってくださいました。

繁和さんは自宅でも自分のことは自分でしようとして、そのたびによろけたり、転びそうになったりするとのこと。ご家族のみなさんも、実ははらはらしながら見ているのだと打ち明けてくれました。

ピンチを分解

介護の現場で事故が起こるのは避けられない。これは介護のプロとして約20年間やってきた僕の実感からくる本音です。**もし完全に事故を防ごうと思ったら、お年寄りを部屋の中に閉じ込めてなにもさせず、なにもさわらせない。そうするほかありません**（実際、できるだけお年寄りになにもさせないという施設もあります）。けれどそうすれば安全になりますが認知機能はどんどん衰えてしまいます。自由度が高いほど事故に遭いやすいし、自由度を下げると安全にはなる。

自由と安全のどちらを重視するか、ですね。**生活する以上、リスクはゼロにはできないんです。**

介護の大ピンチ

20

認知症と性

性的な言動
どう対応する？

認知症になると性にオープンになる人はいます。
これは男性に限ったことではなく女性も同様です

認知症になると感情が解き放たれるというか、かつては絶対にしなかったような行動をとるお年寄りもいます。特に性的なことについてオープンになってしまう人も。くろまめさんにもそんな人、いるんです。

種治さん（93歳）は認知症になってから家に引きこもりがちになり、昼間からお酒を飲んでばかり。お風呂に入るのも嫌がるので、ご家族からSOSが来ました。

スタッフの花子ちゃんが種治さん宅に赴いて、「うちの施設のお風呂に入りに来ませんか」と呼びかけると、花子ちゃんを気に入ったのでしょうか。種治さんは重い腰を上げてくれました。

くろまめさんにやってきた種治さんを、さっそくお風呂場へ案内したのはいいのですが、種治さん、花子ちゃんにこんなことを言ったのです。

「あんたは服を脱がんのか。おもろないなあ」

どうやら花子ちゃんと混浴できるものと勘違いしていたようです。機嫌を損ねそうになる種治さんに、花子ちゃんは動揺するでも怒るでもなく、

「じゃあ次に来てくれるときは、私、水着で背中を流してあげようか」

と提案。花子ちゃんにはこっそり僕が代わることを伝えましたが「私が担当します」とぴしゃり。僕はひやひやして、万一のことがあっては大変！　と脱衣所で待機。もちろん、

そんなことはなにもなく、久々のお風呂を種治さんは心ゆくまで味わってくれました。

その日以来、種治さんはくろまめさんへお風呂に入りに来てくれるようになったのですが、懲りずに毎回「あんたもお湯に入り」と誘います。花子ちゃんも今では「いや、無理っす」とばっさりと切り捨てています（苦笑）。

ピンチを分解

このエピソードを聞くと、いろいろな感情をもたれると思います。「セクハラ？」と思う人がいるのもしょうがないことです。でも実際に起こることなのだから、真実を伝えることで心構えもできると思うのです。**認知症の人たちは、ときに「生きもの」に回帰していっているように映ります。欲求に忠実になるので、性的な気持ちにブレーキをかける気持ちも弱まっていくのでしょう。これは男性に限ったことではなく女性も同様。**介護してくれる相手を好きになり、性的な行動をとる話は、しばしば耳にします。

誰もが花子ちゃんのように水着で入浴介助の提案をするのは難しいでしょう。でもどうしても自分がこのまま介護を続けていかないといけないなら、**「無理っす」と大笑いしてみたり、その場しのぎでいいから、ガチンコで接しないことが対策**かと思います。大げさに反応しなければ、いつか笑いに変わるかもしれませんし、次第にそうした行動も収まっていきます。

介護の大ピンチ

21

恋愛感情

恋した相手は介護スタッフ

介護施設では意外とあることなんです。
だけどあまり公にならないから驚く人もいますよね

ピンチ20に続いて「性」がらみのお話をもうひとつ。こちらは、介護施設では意外とあるある、だけど表沙汰にはしにくい情景ではないかというものです。

友雄さん（80歳）はイケオジ、ならぬイケオジイで、がっしりとした体格に身なりにも気を配っていて、若い頃はさぞかしモテたのだろうなあという男性です。元職人さんで、ちょっぴり気難しいところがあるのですが、スタッフの花子ちゃんだけには例外的に心を許していました。

くろまめさんにはまだ、あまりなじめていないようでしたが、花子ちゃんが橋渡し役となって、スタッフやほかのお年寄りの方々と打ち解けていってくれたらなあと思っていました。

そんなある日、花子ちゃんは友雄さんからドライブに誘われました。

そんなに仲よくなったんだ、と僕らは快くふたりを送り出します。ですがその翌日から、友雄さんはくろまめさんに来なくなってしまったのです。

もしやドライブ中になにかトラブルがあったのではないか？　花子ちゃんにそれとなく聞いてみると、

「実は……帰り道で友雄さんからラブホテルへ行こうと言われたんです」

困惑した顔で花子ちゃんは打ち明けました。

もちろん丁重に、言葉を選んで、お断りしたそうです。だけど友雄さんからすれば、**あんなにいつも自分によくしてくれているのは、きっと自分のことを好きだからに違いないと**

勘違いしてしまったのでしょう。

後日、友雄さんの奥さんから「夫はもう、そちらには行きたくないとのことで」と、電話が来ました。

「くろまめさんに通うのが楽しい、と言っていたのに、どうして急に嫌いになったんでしょう?」と首をかしげる奥さんに真相を告げることもできず、「そっ、それは残念ですね」と僕はなんとか話を合わせたのでした。

ピンチを分解

友雄さんも軽度の認知症だったのですが、彼の場合は明確に花子ちゃんに恋をしていたんですね。親身になってお世話してくれる相手を、お年寄りが好きになってしまう事例は割とあります。特に認知症の人は、相手を異性として意識しはじめた途端、夢中になりやすい。これもまた感情が解き放たれるゆえにこそ、でしょう。介護施設では、恋愛感情を抱かれやすいスタッフが一定数いるのも事実です。そんな人には、**最初から相手と自分の関係を「男」と「女」からずらす**ことを教えています。「おじいちゃん」と「孫」のような関係性を築いたり、「先輩」と「後輩」みたいなものへもっていく、とか。気をつけたいのは、相手に恥ずかしい思いをさせないこと。最初に期待させすぎないほうがいいのは、どの年代でも同じかもしれません。

介護の大ピンチ

22

独居老人

孤独死したら どうしよう

僕は疑問なんです。住み慣れた家で最期まで過ごしたいと望む。孤独死ってそんなに悪いこと?

ひとりで暮らしている親御さんがだんだん老いてきたら、心配ですよね。しかも認知症まではじまったら、施設に入ってもらうのが一番いいと考えてはいませんか？　でも、住み慣れた自宅を離れたくない方はたくさんいるのです。圭吾さん（79歳）も、そのひとりでした。

奥さんが亡くなってからはひとり暮らしをしている圭吾さん。軽度の認知症はあるものの、週2回ヘルパーさんに来てもらい、くろまめさんにも通ってくれています。しかし独居老人の孤独死を防ぐためと、周囲から特別養護老人ホームに入るよう促されました。

圭吾さんは長年住んできた家に愛着があり、どうしても施設には入りたくないと僕に話してくれました。僕たちも圭吾さんの生活をできるだけサポートしていたのですが、ある日、事件が起きたのです。

圭吾さんが自宅で昼寝をしているときに、お弁当宅配サービスが来ました。「ごめんくださーい」と何度呼びかけても反応がないので、もしやと心配したその方は警察に通報。パトカーに救急車、近所の人たちも集まって、ざわざわしているところで圭吾さんは目が覚めました。

大騒ぎになったことに圭吾さんは責任を感じてか、特養ホームへ入所することにしたのです。

「わたしがひとりで生活しとると、みなさんに迷惑をかけるんですなあ」

僕は、どんどん迷惑かけてください、と言いたかったけど、圭吾さんの決めたことに口を出すべきではないので、その言葉をのみ込みました。圭吾さんのひとり暮らしをサポートしきれなかった当時の自分の経験不足を悔やんでいます。

それにしても孤独死って、そんなにいけないことでしょうか？　**自分の暮らした家で最期まで過ごした結果、ひとりで死ぬ。それはかわいそうでも避けるべき死に方でもなく、自然な最期の迎え方だと僕は思います。**

ピンチを分解

圭吾さんの場合、周囲の信頼できる人（ご近所さんや親戚）に合い鍵を預かってもらっていたらよかったのだと思います。万一のとき、すぐに安否確認できるように。

離れている親御さんの介護には、地域ケアの協力は欠かせません。デイサービスやヘルパー、ケアマネジャーを適切に頼り、チーム体制を作ってください。介護とは安全な環境に閉じ込めることではなく、どうすれば今までと同じ暮らしができるのかを考えること。**親御さんにはこまめに電話をして、心身の状態をよく把握しておくことも大切**ですね。

認知症でもひとり暮らしをしている方はいるし、また、ひとり暮らしをしていることで、しっかりとした気持ちを保っている方もいます。

介護の大ピンチ

23

行政の介入

「わしは自分の建てた家で死ぬ」

本人がひとり暮らしを望んでも、行政が施設入所を勧めてくることもあるんです。どうしましょうか？

ピンチ22に続いて孤独死にまつわるエピソードを、もうひとつご紹介します。

久さん（77歳）は、大きな家でひとりで暮らしています。それは立派な日本家屋で、退職金を注《つ》ぎ込んで建てたという自慢の家だそうです。この久さん、かなりの肥満体で心臓肥大であり、手足にも浮腫があります。

豪快な性格で、お医者さんから塩分を控えるようにと言われてもどこ吹く風。「わしは食べたいものを食べる」とラーメンも牛丼も食べまくり。遠方に住むお子さんたちは、そんな父を心配して施設に入居してほしいのですが、

「わしは自分の建てたこの家で死ぬ」

久さんは頑として譲りません。だけど、浮腫のため歩くこともおぼつかない久さんを案じたご近所さんが行政に相談。施設への入居や支援の提案を受けるようになりました。向こうからすれば、よかれと思って提案してくるのでしょうが、久さん本人は絶対に施設には入りたくない。

そこで採った方法は「孤独死宣言」でした。

ある晩「家にきてほしい」と久さんから電話が来て、僕がお邪魔すると、1枚の紙を示されました。

「こういうのを書いたんだが、まずあんたに読んでもらいたくてな」

そこには「私は自宅で死ぬことを希望します」と久さんの字で書かれてありました。署名と捺印《なついん》も。その宣言書を、行政やご近所さん、そしてお子さん方にも見せて、自分の意思をしっかりと伝えたのです。

それ以降、近所の方々は前よりも久さんのことを気にかけてくれるようになり、ゴミ出しや買い物の手伝いをしてくれるようになりました。そして数年後、久さんは宣言どおり、自分の愛した家で亡くなったのです。周りからすると頑固じいさんだったかもしれない久さんですが(実際、頑固でした！)、僕の目には「自分の意思を貫いた最高にかっこいい人」に映りました。

ピンチを分解

孤独死って、言い換えると、家で生ききること。そう考えるとネガティブな死に方ではなく、むしろポジティブな感じがしてきませんか？

お年寄りが**「死ぬときは自宅で」と明確に意思表明をしている場合は、久さんのように一筆書いてもらっておくと、のちのちになってトラブルを避けられます**。介護している側にとっても、あとで親戚などから「親を孤独死させて！」なんてむやみに責められなくて済みますし。

どこで死にたいか、というのはデリケートな話題ですが、そういう話もできるような関係を普段から作っておきたいですね。

介護の大ピンチ

24

昼夜逆転

不健康な生活改善させたい

不健康に見えても相手の習慣は変えないほうがいいです。
人それぞれ今の自分にベストな生活リズムがあるのです

遠く離れて暮らしている親御さんに介護が必要になったら――。これまでいくつかのエピソードを紹介してきましたが、ここでとり上げるのは、親と同居して介護することを選んだご家族です。

10年前に旦那さんを見送ったかず子さん（81歳）は現在、認知症がはじまっています。若干もの忘れがあるものの、日常生活に支障をきたすこともなく、週に3回ヘルパーさんに来てもらい、くろまめさんにも週2回通って、しっかりとひとり暮らしをしていました。娘さんは東京に住んでいて、ときおり電話で互いの近況を報告し合っていました。

そんなかず子さんですが、風邪をこじらせて肺炎になり、数日間入院することに。それをきっかけに、心配した娘さんから同居の申し出がありました。娘さん一家は旦那さんと高校生、中学生の子どもさんがいる4人家族。東京の賃貸マンションを引き払い、かず子さんが住んでいる一軒家にUターン移住をしてきました。

いきなり大家族になったことで、かず子さんの日常は一変。今までののんびり暮らしていたのが、どうしても娘さん一家が中心の生活になってしまいました。

「うちにいると気を遣う」

と、くろまめさんでこぼすことも。さらに、かず子さんは**元々が昼夜逆転（認知症の人には、しばしばみられます）ぎみの生活**をしていましたが、「おばあちゃんが夜寝てくれないから」という理由で睡眠薬を服用させられるようになりました。

同居のストレスと睡眠薬の副作用でしょうか。かず子さんは認知症が急速に進んで、同居から1年後、施設に入所しました。

どうか今は心穏やかに暮らしていてくれますように。そう思えてなりません。

ピンチを分解

親御さんの介護で同居することになった場合、お願いしたいことがひとつあります。どうか**相手の習慣を変えようとしないでください**。かず子さんの例のように、お年寄りの生活リズムを強引に変えようとするのは、介護者のエゴにほかなりません（強い言い方をしてすみません。だけど聞いてください）。

親子といえども長年離れていた者同士がいきなり同居するのは、お年寄りにとっては想像以上のストレスがかかります。もちろんあなたにも。むしろ遠距離介護のほうが、互いの精神的負荷は少ない場合もあるでしょう。「同居しなければ」「孝行息子（娘）にならなければ」なんて思わなくていいんです。

介護の大ピンチ

25

介護離職

仕事と介護の両立は厳しい

仕事を辞めずに介護を続ける方法を探しませんか？
何度でも言いますが、どうかひとりで抱え込まないで

親の介護をするというのは、掛け値なしにいいことではあるのですが、がんばりすぎて燃え尽きてしまう人もいます。くろまめさんの利用者にもこんな方がいました。

認知症の和子さん（88歳）を介護している、ひとり娘の早紀子さん（61歳）。それまで和子さんを介護していたお父さんが心不全で急死して、早紀子さんは介護のため実家へ帰ってきたのです。

傍目にも早紀子さんは、すごく一生懸命に介護をしていました。**自分のことは後まわしで、なにをするにも母親優先。次第に介護と仕事の両立が難しくなってきたので、仕事を辞めたと聞いたとき、僕はちょっと「あやういな」と感じた**のです。

仕事は社会との接点でもあります。その仕事を辞めて介護に専念するというのは、一歩間違えたら社会との接点を失うことにもなりかねません。できれば仕事を辞める決断をする前に、くろまめさんや担当のケアマネジャーに相談してほしかったという言葉はのみ込んで、和子さん親子をサポートしていこうと気持ちを改めました。

それから2年後。和子さんの認知症はだんだん進行し、健康状態も悪化してきました。このままくろまめさんに通って在宅介護を続けるか、それとも病院へ入院してもらうほうがいいか、早紀子さんは悩みます。

ある日、早紀子さんから話があると電話が来て、僕はご自宅へ伺いました。

「どうしたらいいのか私にはわかりません。稲葉さんが決めてください」

そう言うなり、わあっと泣きじゃくってしまいました。そんな娘の姿に、和子さんも不安そうにおどおどしています。ふたりをこのままにはしておけないと思い、僕はケアマネさんと相談し、和子さんが入院する手はずを整えました。そして早紀子さんには、趣味でも友だちと会うことでもいいから介護から離れる時間を作るようアドバイスしました。

そして現在。早紀子さんは好きなアイドルの推し活を楽しみながら、和子さんを介護しています。あのときSOSの電話をかけてくれて、本当によかった。

ピンチを分解

「介護共依存」という言葉をご存じですか？　介護する人が、介護することそのものに精神面でも生活面でも囚《とら》われてしまう状態のことです。まじめな人ほどそうなりやすく、特に娘と母親の間でそうなりやすいと言われています。

今現在、親や近親者を介護している人たちに、どうしても伝えたいことがあります。それは、介護をひとりで抱え込まず、介護事業所やケアマネさん、それに家族や親戚などたくさんの仲間を見つけて、適切に頼り、利用してください。どうかひとりで抱え込まないでくださいね。

介護の大ピンチ

26

介護サービスの選び方①

介護サービス多すぎて大混乱

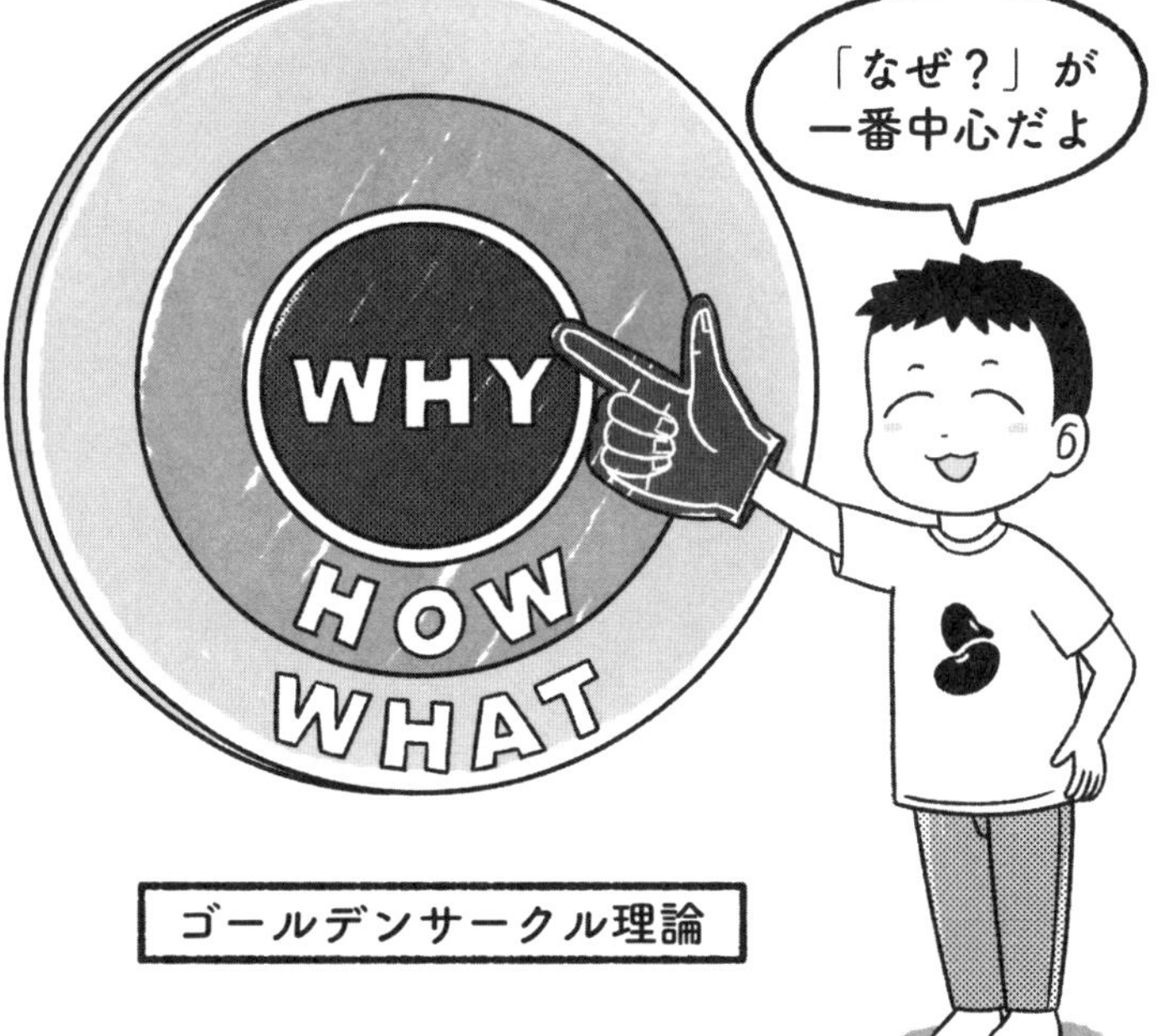

とにもかくにもケアマネジャーさんに相談を。
次はホームページを覗《のぞ》いてみませんか?

ご家族に介護が必要になったとき、どんなサービスを選べばいいのか。悩みますよね。ざっと説明しようとするだけでもこれだけのサービスがあります。

・家にいながら介護サービスが受けられる訪問介護
・医療が必要なら訪問看護
・ご本人に外出する意欲や体力があるならば、通所介護サービス（通称：デイサービスやデイケアなど）
・介護者が限界を感じたり、独居のお年寄りで、もはや自宅では生活が困難な方は、さまざまな入居施設（サービス付高齢者向け住宅、サポートハウス、有料老人ホーム、介護老人保健施設、特別養護老人ホームなど）

まずは行政へ相談して、ケアマネジャーさんを紹介してもらうとひと安心です。ケアマネジャーさんは、あなたにどんなサービスが適当か、どんな施設がおすすめか、たくさんのネットワークを駆使して、支えてくれる存在です。

とは言え、自分に合ったサービスは肌で感じてみないとわかりません。ご本人とご家族で、実際にいろいろな施設や事業所を見て回ることが一番の近道。

たいていの施設は、見学や体験は大歓迎です。反対に、それを拒む施設は要注意だと言えるかも。くろまめさんでも見学や体験はもちろん大歓迎。さらに、インスタやYouTube

などのSNSで、どんな施設か、どんな雰囲気かを常に発信しています。

ピンチを分解

混乱する気持ち、わかります。見学はもちろん、まずはその施設や事業所のホームページなども覗いて、理念やコンセプトがしっかりしているか、確かめてみてはどうでしょうか。

ホームページには派手なものも、素朴なものもあるでしょう。見た目よりも次の3つを意識して見てほしいと思います。

・WHY（なぜ立ち上げたのか／信念・目的・理由）
・HOW（どうやって運営しているのか／手段・理論）
・WHAT（何の設備があるのか／商品・行動）

これはゴールデンサークル理論といい、一番中心にくるのが「WHY」です。**なぜこの施設を作ったのか、お年寄りにどんなふうに過ごしてほしいのか、なによりどういう思いで利用者さんを迎えているのか**。

事業者の誠実な気持ちが、雰囲気にあらわれている施設が、いい施設だと言えるでしょう。

介護の大ピンチ

27

介護サービスの選び方②

デイサービスが合わなかった

最初からぴったり合う施設に出会うことのほうが珍しいかも？　いろいろ見に行ってみたらいいんです

ピンチ26では介護サービスの選び方をざっくりと紹介しました。でも、**「ここがぴったり！」と思っても、合わないこともある**んですよね。その一例を紹介します。

脳梗塞の影響で目が見えにくくなった嵩《たかし》さん（81歳）は、最近は一日中、家で横になっています。動かないから足腰も弱ってきて、お風呂場で転びそうになりました。心配した妻のユミさんの勧めで、デイサービスに通いはじめたのですが、どこの施設にもなじめません。

そこで最後の駆け込み場所（？）として、くろまめさんにやってきました。

いろいろなデイサービスになじめなかったと聞いていたので、どんな気難しい人かと思いきや、嵩さんはおっとりとして、かわいらしいおじいさんでした。かなり大柄で体重もあったので、小柄なユミさんがお風呂を手伝うのは大変だったことでしょう。

「必ずお風呂に入れてやってください」

と頼まれました。

嵩さんが来た初日、さっそくうちの自慢のヒバの木のお風呂に入ってもらいました。山のように大きな背中を僕が流していると、

「ああ〜、やっぱり普通の風呂はいいなあ〜」

しみじみした口調で嵩さんは呟きます。どうやらほかの施設でのお風呂は機械による入浴（通称、機械浴）だったらしく、それがどうにもつらかったのだと言います。それと、

いろんなレクリエーションをやらされるのも嫌だったと。

「僕ぁね、ただ、家にいるみたいに、のんびりしたいだけなんです」

「わかります」

僕はうなずき、こう続けました。

「ここではご自宅みたいに過ごしてくださいね」

家にいるのと同じようにくつろげる場所をつくること。まさにそれが僕の目指す介護施設だったので、嵩さんの言葉に励まされた気持ちになりました。

ピンチを分解

嵩さんの場合「機械浴ではなく普通のお風呂に入りたい」「自宅と同じ過ごし方をしたい」、この2点をデイサービスに求めていたことがわかりました。

人によってデイサービスに求めるものはさまざまです。病院のように機能的なつくりの施設を望む人もいれば、くろまめさんのように普通の家みたいなところがいいという人も。

通いはじめたら「なんか違う」と思うこともあるでしょう。それでいいんです。最初から100%合う施設を見つけられることのほうが珍しいんです。**一度決めたからといって「ここしかない」と思わずに、合わなければまた見学に行ってみる**ことをおすすめします。

介護の大ピンチ

28

介護サービスの選び方③

自宅介護がそろそろ限界

状況によって利用するサービスを変える必要も出てくることでしょう。段階ごとに周囲に相談をお願いします

ピンチ27では、介護される側である嵩さんの立場からデイサービス選びについてお話しました。次は介護する側である、妻のユミさん視点から見てみましょう。

夫の嵩さんが脳梗塞になったのをきっかけに、介護生活に突入したユミさん（77歳）。だけどお風呂をはじめ、嵩さんのあれこれをお世話しながら家事をするのは本当に大変で、このままだと自分までまいってしまう。それで嵩さんにはデイサービスへ通ってもらうことにしたのですが、どの施設にもなじめません。相談相手もおらず、複数のデイサービスを転々としていた時期、ユミさんは強いストレスを感じていました。

ようやく嵩さんがくろまめさんを気に入ってくれ、週2回通うようになって3年目のこと。**嵩さんはだんだんと衰えてきました。このままくろまめさんを利用し続けるか、それとも、24時間体制で介護してくれる特別養護老人ホームなどの施設へ移るべきか。ユミさんは再び選択を迫られます。**悩んだ末にユミさんは嵩さんを説得し、特養ホームへ転所してもらうことになりました。その翌年、嵩さんはそこから病院へ入院し、最終的には寝たきりの状態となって亡くなりました。

お葬式でユミさんと久々にお会いした僕は、こんなことを言われたのです。

「お父さんはくろまめさんでお風呂に入るのが本当に好きでした。やっぱりくろまめさんに最期まで通わせてあげていたらよかった」

ほろほろと涙をこぼすユミさんに、僕もまた泣きそうになりました。
斎場の煙突から上がる煙を眺めていると「ああ〜、やっぱり普通の風呂はいいなあ〜」と言う嵩さんの声が聞こえたような気がしました。

ピンチを分解

介護には大きく分けて３つの段階があります。

・第１段階は、自宅介護＋デイサービス＋ヘルパー（デイサービス、ヘルパーは状況によりどちらかを選択することも）
・第２段階は、ショートステイもプラスして利用する
・第３段階は、施設入所

今回のケースのように、お年寄りの状態が変化していくにつれ、施設を変える必要性も出てくるでしょう。その際大事にしてほしいのは、段階ごとになにを重視するか（例えば医療か、普段どおりの生活か）です。見学しに行った施設から勧められるがままに転所を決めてしまうと、後悔するかもしれません。それを防ぐためにも**介護の段階ごとに立ちどまり、ご家族やケアマネさん、そして現在利用している施設の方にも相談**してみましょう。ひとりで考えるよりも落ち着いた気持ちで判断できます。

介護の大ピンチ

29

介護施設見学

どんな施設がいい施設？

「ただいま」「おかえり」が自然に聞こえる施設はいいと思います。帰りたくなる場所を見つけたいですね

今日は梅子さん（88歳）のくろまめさん見学の日です。離れて暮らす息子さんがつき添ってきてくださいました。**梅子さんはひとり暮らしが長いのですが、最近足が弱ってしまい、出歩くことも、知り合いと立ち話することもほとんどなくなってしまったそうです。そんな生活が寂しく、通えるデイサービスを探していました。**梅子さんのお話をいろいろ聞いていると、急に騒がしくなりました。

お年寄りとスタッフのサブローくん、花子ちゃんたちがお出かけから帰ってきたのです。

「ただいまー」「あー疲れた！」「お土産あるで〜」

留守番のお年寄りとスタッフが

「おかえりー」「お土産、なに？」「どこ行っとった？」

とまあ、急にうるさくなりました。

「お出かけされてたん？」

と、梅子さん。

「そうですよ。今日は朝から嵐山に行かはったんです。くろまめさんではその日の気分でいろんなところに出かけます。リクエストも大歓迎ですよ」

梅子さんはにっこりして言いました。

「ただいま、おかえりって、久しぶりに聞いたわ。いつもひとりやから、忘れてた。なんだか嬉しくなりました」

その数日後、梅子さんはいろんなデイサービスを回ってみて、くろまめさんを選んでくださいました。理由を聞くと、

「だってみなさん、好きなことをして過ごしてはるやろ？　出たり入ったり、洗濯物畳んだり、ごはん作ったり。畳でごろ寝してる方もいはるし。自分の家みたい。ただいま、おかえりって、私も言いたくなりました」

知らず知らず、くろまめさんがそんな場所になってたんだな。嬉しくなってしまいました。

ピンチを分解

施設や病院、公共の場のように、あまりにも日常とかけ離れた雰囲気では、リラックスして過ごせない人も多いと思います。くろまめさんでは「普通」を常に意識しています。スタッフは制服を着ません。送迎車には施設名のステッカーなども貼りません。介護用品を極力使わず、普通の家にある家具や設備にこだわります。自分だったら高齢になって、わざわざ緊張する場に、毎週毎週通いたくないと思うのです。**自分の家のように落ち着いて楽しめる高齢者施設が、お近くにもあると思います**。ぜひ探してみてください。探せばあると言うより、日本基準になってほしいくらいです（笑）。

介護の大ピンチ

30

塩対応

心が通じ合わない！

「お世話しよう」と思っていると関係性は深まらない。
人と人ってそういうもんなんですねぇ

僕は**介護というのは、お年寄りの世界の中に入ること**だとも考えています。それってどういうこと？　と思われるかもしれません。例えばこういうことなんです。

御年102歳のヨシ乃さんは、くろまめさんの利用者の中でも最高齢に入る方。ヨシ乃さんからすれば多くの方は10歳以上は年下なので、なんとなく会話が噛み合わないのでしょうか。みんなでわいわいしているときも、ひとり離れてぽつんとしていることが多いのです。

娘さんにそう話すと「母はもともと無口な人だから、放っておいてくださってかまいませんよ」とのこと。だけど、せっかくくろまめさんに来てくれているのだから、楽しく過ごしてほしい。

僕は割とおしゃべりなほうなので、ヨシ乃さんにいろいろ話しかけてみます。天気の話から昨日の晩ごはんの話題、今年のプロ野球や昨今の政治情勢について、本当にいろいろと。

最初、ヨシ乃さんは「うるさいなあ」という感じの塩対応でした。それにはたから見れば、僕がヨシ乃さんをいじっているように見えたのかもしれません。スタッフのサブローくんには、

「稲葉さん、あんまりヨシ乃さんの邪魔をしちゃいけませんよ」

なんて言われることも。

でも僕からすれば、なんとかしてヨシ乃さんの世界に入ろうとしていたんです。そんな日々が1週間ほど続いた頃でしょうか。あるとき、なにかの拍子でヨシ乃さんが呟いたのです。

「しかしあんたはようしゃべるな。わたいのお父ちゃんそっくりや」

どうやらヨシ乃さんのお父さんもおしゃべりな方だったようです。

「お母ちゃんによう叱られてたわ。あんた、うるさいからちょっと黙ってて、って」

「僕、そんなにお父さんに似てますか？」

「お父ちゃんのほうが男前やったけどな」

そう言ってヨシ乃さんは、ふ、と笑いました。そのとき僕は、ヨシ乃さんの世界に入れた、と感じたのです。それから僕たちはおしゃべり友だちになったのです。

ピンチを分解

介護をしていて面白いと感じるのは、こういうときです。お年寄りといろんなやりとりをするうちに、どんな気難しい相手でも、ふとした拍子に心が通じ合ったような瞬間が訪れます。それは「その人の世界に入る」ような感覚です。

「お世話しよう」という気持ちでいるとそうはならず、むしろ仕事を忘れて自然体の自分で一緒にいることを楽しんでいるときに、その瞬間は訪れます。ただ会話をするだけで、その人の気持ちや感情、なにが好きでなにが嫌いか、つまりその人自身のことが伝わってくるんです。天気や食事の話題でもいい。**なんてことない雑談をすることだって「介護」**なのだと思います。

介護の大ピンチ

31

感染症が大流行

人ごみに行くのが怖いです

コロナ禍には僕もぴりぴりする日が続いていました。
でも生きがいまではウイルスに奪われたくないですよね

お年寄りにはできるだけ心身共に元気でいてほしい――それは介護する人の誰しもが願っていることです。だけど、その元気の素ってなんでしょう？　今回は僕の父の知り合いの至さん（92歳）のことをお話ししようと思います。

至さんはある宗教を信仰している方で、ずっと独身で通してきました。6人兄弟の長男で、弟たちの面倒や両親のお世話などを引き受けて生きてきた方です。本当は若いうちに聖職者になりたかったとのことですが、そうした家庭の事情から、在家信者のままでいたのです。それでも長年この町の礼拝堂へ、毎日欠かさずお参りをしています。

年齢と共に身体が不自由になり、認知症もはじまってきた至さんは、車イスでくろまめさんに通うようになりました。

ちょうどその頃コロナ禍になり、僕たち介護職の人間はかつてない状況に見舞われました。感染対策に外出制限。お年寄りの方々がコロナにかからないよう、そして僕らスタッフが外からもち込まないよう。毎日そのことで頭がいっぱいで、正直言うとかなりぴりぴりしていたかもしれません。

至さんの日課である礼拝堂通いにつき添いながら、僕は内心、しばらくここへお参りするのを休んでもらおうかと思っていました。そんなある日、お祈りが終わった後、参加者全員で聖歌を歌おうという流れになったのです。パンデミックが早く収束しますように、という願いを込めて。

歌詞カードを手にたどたどしく歌う僕の隣で、至さんはとてもいい表情をして歌っていました。そのときふと気づいたのです。至さんにとって信仰は自分自身の一部なのだと。**心の中に拠《よ》りどころがあるから、こんなにも穏やかでなにがあろうと変わらずにいられる**のだろうなあ、と。自分の内に溜まっていたストレスが、すーっと消えていくのを感じました。

ピンチを分解

コロナ、インフルエンザなど、感染症が流行すると、まず考えるのが人ごみに行かないほうがいいのではないかということ。**たしかに室内に閉じこもっていれば、感染症にはかからずに済むかもしれません。しかし、その結果としてどんどん元気がなくなっていったら？**

誰にとっても、自分を支えてくれるものがあります。それがあるからこそ、「自分らしく」いられるものです。例えば、至さんにとっては信仰が元気の素でしたが、それは人によってさまざま。料理や散歩、友だちとの交流など、楽しみをもっているお年寄りは、総じて元気でいられるものです。

感染症の流行時は確かに恐怖を感じます。でも、そのような状況でも、人それぞれの生きがいをどのように保てるか。それをサポートするのが介護の役割だとも思うのです。

介護の大ピンチ

32

体力低下

お母さんは座ってて

僕らより圧倒的に人生経験が豊富なんです。
頼って教えてもらって、やってもらったほうが得ですよ

一般に、介護する側がされる側より圧倒的に足りていないものがあります。それは、人生経験。**お年寄りはたしかに僕ら若い者と比べると体力や、生活全般での機能は衰えているかもしれない。だけど人生経験に裏打ちされた知識には、敵《かな》わないものがあります。**うちのスタッフのサブローくんは、お年寄りの力を引き出す介護の仕方がとても上手なんです。

くろまめさんには食事作り専門のスタッフはいません。僕ら介護者とお年寄りが一緒にごはんを作っています。サブローくんはうちで働くまで自炊した経験がなかったそうで、あまり料理は得意ではないとのこと。だけど（だから？）、どんどん質問をしていきます。

「だし汁ってなんのことですか？」

「みりんって、どんなふうに使うんですか？」

おばあさんたちに尋ねては、「じゃあ、やってみてくださいよー」と食事作りに引っ張り込んじゃう。すると向こうは、仕方ないねえという感じでサブローくんに料理の基本を教えています。

畑で野菜を収穫するときも、そう。農業をやっていた方に「この大根、もう引っこ抜いていいですかねー」と尋ねては「いやまだ早い」とか「葉っぱの色がこうなったら収穫どき」と教えられています。

みなさん、どこか嬉しそうにサブローくんにアドバイスしながら、料理や畑仕事を共にやっています。

もしかしてサブローくんは「教えてください」という形をとって、お年寄りの方々とコミュニケーションをとっているのではないか？　僕はある日、サブローくんにそれとなく聞いてみたら、

「いや、そういうのぜんぜん考えてないんで」

という返事が来ました。そうか、天然だったのか……と思った次第でした。やはり天然は強いですね。

ピンチを分解

誰だって人から頼りにされたり、相談されるのは嬉しいものです。なのに、「お母さん、私がやるから座ってて」など、よかれと思って仕事をとり上げてしまったなんて経験はありませんか？　たしかに体力の低下は心配ですよね。でも、**生活の中でやれることはやってもらう。それが認知機能の衰えを防ぐことにつながります。**サブローくんのように料理や農作業でもいいですし、趣味に関することでも。相手が得意とする分野で「教えてください」と切り出したら、きっと喜んでのってくれるはず。お年寄りの人生経験を踏まえつつ、自分のほうが若くて未熟であることを活用してみてください。

介護の大ピンチ

33

通所拒否

デイサービス行ってよ！

ご家族が強く言うとさらにこじらせてしまうかも？
ここは一歩下がって、僕らプロにお任せを！

デイサービスは入居施設と違い、家から通う施設です。だけどお年寄り本人がなかなか行きたがらないこともある。家族としては行ってほしいのだけど、どう促せばいいのだろう。そんな問題を僕らは何度も乗り越えてきました。

認知症が出はじめた佐子さん（84歳）は、お嫁さんの京子さんにつき添われ、くろまめさんにいらっしゃいました。当初、京子さんと一緒に来ていたときは大丈夫だったのですが、ひとりで通うようになると問題が勃発します。**着いてすぐに「帰る」と言い出したり、スタッフがお迎えに行っても「行かない」と玄関先でひと悶着起きることも日常茶飯事。**ご家族も途方に暮れていました。

くろまめさんに楽しく通ってもらうにはどうすればいいのかと悩んでいたところ、最年少スタッフのサブローくんが、佐子さんからある情報を聞き出しました。

佐子さんは娘時代、京都市内のあるお医者さんの家に奉公していたそうなのです。ずいぶん昔のことなので記憶もおぼろげなのですが、「建仁寺の近くの個人病院」とのこと。佐子さんとサブローくんと僕で、そこへ行ってみることにしました。

建仁寺付近にあるクリニックをひとつひとつ訪問していくと、ある医院の前で佐子さんが「あっ」と感極まった声をあげます。その医院を訪ねて、

「院長先生はおられますか」

と聞くと、現れた院長先生を見るなり佐子さんは、

「……坊ちゃんっ」

かつてお守りしていた坊ちゃんと約60年ぶりに再会して、院長先生もびっくりするやら、感動するやら。くろまめさんに来てから初めて佐子さんの笑顔を見ました。

このできごとで、佐子さんは僕たちに心を開いてくれるようになり、今は楽しくくろまめさんに来てくれています。

ピンチを分解

「デイサービスに行って」と言われると、自分が家にいると邪魔だから？ と感じてしまうのかもしれません。強く指示されると、かえって逆効果になる場合も多いです。

施設の方が自宅に迎えに来たら、**家族は「楽しいと思うんだけどなぁ」くらいの一歩下がった姿勢でいるのがいいかもしれません。また、仲のいいスタッフに迎えに来てもらうと気持ちが変わることもあります。**

佐子さんのように、スタッフとご本人とで「思い出の場所を共有する」というのもいいですよね。これは施設側が考えるべきことですが、ご本人にとって「デイサービス＝行きたい場所」にすることがなによりだと思うのです。

介護の大ピンチ

34

人間関係

「あの人の顔が見たくないの」

ある程度の年齢になったら円満な人間関係が築ける
なんて大間違い。介護施設でも日々問題は発生します

どんな場所でも必ず人間関係が発生します。幼稚園にはじまって学校、会社、地域コミュニティに趣味のサークル活動でも。あらゆる場所で人間関係が生まれる以上、それにまつわるトラブルもまた生まれます。くろまめさんとて例外ではありません。

長らく専業主婦をやってきたしづえさん（75歳）は、快活な性格でおしゃべり好き。周囲になじめていないお年寄りに話しかけて人の輪に引き込んだり、遠足などのイベントを提案したり。一部の女性利用者たちのリーダー的存在となっています。

そんな中、新しくせい子さん（74歳）が通いはじめるようになりました。ひとり暮らしでずっとお勤めをしてきたせい子さんは、さっぱりとしたお人柄で、それでいて物腰やわらか。コミュニケーションにも長《た》けていて、たちまち人気を集めます。

おもしろくないのはしづえさんです。自分の周囲にいた人たちがひとり、またひとりとせい子さんのほうへと流れ、次第に不機嫌になってきました。始終ムスッと顔をしかめ、せい子さんたちのグループをにらみつけたり。

派閥には属していない女性たちや男性陣も、そういう空気を感じて居心地悪そう。これはよくない空気になってきたぞ、とスタッフが対応策を考えていたところ、しづえさんがくろまめさんに来なくなってしまいました。

ご自宅へ伺ってその理由を尋ねると、しづえさんは苦々しげな表情で、

「せい子さんの顔を見たくないんです」

そこで僕は提案しました。**「くろまめさんに来る曜日を変えませんか？」**と。

かくして、せい子さんと重ならない曜日に利用日をずらすことで、しづえさんは再びくろまめさんへ通ってくれるようになりました。そして、やっぱりその曜日の女性たちの中心ポジションの座を狙っているようなんですよね（苦笑）。

ピンチを分解

介護施設で発生する人間関係トラブル。**刃傷沙汰《にんじょうざた》にまで発展するのは稀《まれ》ですが、今回のような小さな事件は、案外多くの施設で起きている**と聞きます。利用者同士のケンカや仲間外れ、感情の行き違いから生まれるいざこざ。

お年寄りがデイサービスに行きたがらなくなったら、人間関係でトラブルを抱えている可能性もあります。そんなときは施設の方にこっそり「うちの父（母）はほかの利用者さんたちと仲よくやれていますか？」と聞いてみましょう。その結果、トラブルが発覚しても、曜日をずらすなどして解決する問題であれば、さっと解決する道を選ぶのがいいと思います。

お年寄りに限らず、**人間関係の問題を根本解決するのは難しいもの。どうしたらストレスをいかに早く、簡単に取り除くことができるかを考えたらいい**と思います。

介護の大ピンチ

35

気まずい関係

親と話すことがないんだけど

あなたにとっても、親にとっても慣れない介護。
初めての生活なんです。気まずくなることも自然です

どんどん親が気難しくなっていく。どう接したらいいかわからなくてと悩んでいる人はいませんか？　かくいう僕も、昔はお年寄りとのコミュニケーションがよくわかりませんでした。

あれはまだくろまめさんを立ち上げて間もない頃。トリさん（96歳）というおばあさんが、僕はちょっぴり苦手でした。

トリさんはかつて会社を経営していた方で、非常に頭がよく、かつ人と群れるのが嫌いな孤高のおばあさん。少しばかり気難しいところがあり、朝、送迎車でお迎えに行こうとする時刻に電話してきて「今日は行かへん」とドタキャンすることもしばしば。

理由を尋ねると、「昨日の昼食の献立は利用料金と見合わない」とか「スタッフの○○は声のかけ方が雑」とか。ごもっともな不満を述べられて、僕はそのたびに冷や汗をかいていました。

当時はまだ介護士としても施設経営者としても、いっぱいいっぱいな状態で、介護を受ける方の満足度にまで思いを至らせる余裕がありませんでした。そんな自分の未熟さをトリさんに見抜かれている気がしたのです。

そんなトリさん、以前から患っていた足の状態が悪化して、なんと左の足首から下を切断しなければならない事態に。手術後、僕は思いきってトリさんの病室へお見舞いに行きました。

この年齢で足首を失ったトリさんに、どんな言葉をかけたらいいのかわからず、ただ一言、「心配しています」と言ったら、トリさんは、

「ありがとう」

と、涙をぽろりとこぼしました。そのとき、自分の中でなにかがふっ切れたんです。あ

あ、こんなふうにもっと前から素直に思ったことを言えばよかったんだと。

それを機に、退院してくろまめさんに戻ってきたトリさんとは、いろいろと言い合えるよう

になりました。心の中でトリさんを、親しみと畏《おそ》れを込めてゴッドマザーと呼んでいます。

ピンチを分解

今の僕だったら、気難しいお年寄りにも普通に話しかけ、お説教されるのも楽しめるのですが、昔の自分にはそんな余裕はなかったんです。いつも萎縮してとってつけたような質問をしては、上の空でその回答を聞いていたりと、不自然極まりなかった（汗）。そんな相手とは誰も話したくないですよね。

家庭で介護をしていて、当時の僕と似たような気持ちでいる方に伝えたいのは、百点満点を目指す必要なんてないということ。あなたが慣れない介護に戸惑っているように、相手だって介護をされるのはこれが初めて。あなたと同じくらい、この状況に戸惑っているのではないでしょうか。話すことがないなら、一緒にいるだけでもいい。この、**ごちゃついた状態を無理にほどこうとしなくてもいいのかもしれません**。

介護の大ピンチ

36

レストランでの食事

外でのごはん どうする？

いつも使っているスプーンや箸をもっていくのは
どうでしょう？

くろまめさんでは、よくみんなでお出かけします。少し遠出するときは、お昼ごはんも途中で食べて、一日を満喫します。

その日は車で1時間半くらいのところにある、『舞鶴引揚記念館』に出かけました。戦争を体験されたお年寄りにとっては、未《いま》だにリアルな出来事ですから、みなさん涙涙の見学。中でも熱心なのは、辰夫さん（80歳）でした。辰夫さんは役場を退職された後、農作業中の事故で脊椎を損傷され、歩くことができず車イスで生活をされています。スタッフも車イスを押しながら、辰夫さんが感動してくれているので大満足です。

「さあ、お昼ごはんの時間やね」

「どこで食べる？　なに食べる？」

みんなでワイワイしていると、ひとりのスタッフが顔面蒼白《そうはく》。

「辰夫さんのスプーン、忘れたかも」

実は**そのスプーンは、うまく手指を動かせない方のために、手に巻きつけて食べられる自助具。それがなくては、辰夫さんはごはんを自分で食べられない**のです。だからどこへ行くにも絶対に忘れてはならないものなのに！　ヤバい……。

辰夫さんは事故後、懸命にリハビリされてなんとかそのスプーンで自力で食べられるようになったのです。できることは自分でする！　という努力と信念の塊。

「スプーンを忘れたので、食事介助させてください」なんて、とても言えない。僕たちは戦慄しました。

とにかくスプーンのことをひた隠し、「くろまめさんの近くのレストランで食べようよ～」というノリで、急いで車を走らせました。なんでこんなに遠いの？　いつもなら愉快な外出が、今はこんなに憎い。ついにレストランに到着し、くろまめさんで留守番中の花子ちゃんに、「スプーンもってきて！」と電話をすると、「車イスのポケットに入ってるよ」とのお返事。

僕は、真っ白に燃え尽きました。

ピンチを分解

このとき僕が一番ほっとしたのは、辰夫さんに食事介助をしなくてすんだことなんです。くろまめさんでごはんを食べるときですら、介助される姿を周りの人に見られたくない辰夫さんにとって、外食先でそうされるのはどれほど嫌なことか。マイスプーンは辰夫さん自身のプライドとも結びついているんです。**食事介助されるのを内心で嫌がっている方は多いように感じます。誰だってできることなら自分の力で食べたい**はずだから。

お年寄りに、外食先で楽しく食事してもらう方法として、その人の箸やスプーンを持参するのはおすすめです（大騒ぎした僕が言うのもなんですが）。

介護の大ピンチ

37

もの忘れ

「母の名前が思い出せない」

いろいろな場所に出かけてみるのはどうでしょう。
感情が刺激されると記憶がよみがえることも

高齢者のおよそ3・6人にひとりは認知症、またはその予備軍と言われています。「認知症＝ものごとを忘れていく」というイメージが一般的ですよね。でも、なにかきっかけがあれば思い出せることもあるんです。

琴絵さん（84歳）は認知症がゆるやかに進んできて、くろまめさんに通うようになりました。スタッフの花子ちゃんを孫娘のようにかわいがり、昔の思い出話をたくさんしてくれます。琴絵さんは9人きょうだいの末っ子で、戦時中は家族そろって満州にいたそうです。終戦後、日本へ引き揚げてきたこと、親戚を頼っていまの京丹波町で暮らしはじめたことなど、ドラマチックな半生を生き生きと語ってくれます。

そんなある日、突然、大好きだったお母さんの名前を思い出せなくなってしまったのです。琴絵さんのごきょうだいはみんな亡くなっていて、そのご家族たちとも容易に連絡がとれません。

母親の名を忘れてしまったのが相当ショックだったのでしょう。琴絵さんはうなだれて、「死ぬ前にもう一度お母さんのお墓参りがしたい」と、しきりに言うようになりました。

そこで、花子ちゃんは町の図書館から開拓団の記録資料を借りてきました。琴絵さんの母方と同じ名字をもつ満州からの引揚者の女性たちをひとりひとり調べ、琴絵さんの母親の可能性がある人を見つけました。その方が眠るというお寺へ、僕たちはイチかバチか、琴絵さんを伴って向かったのです。

花子ちゃんの読みがみごと当たって、そこは琴絵さんの母方の菩提寺《ぼだいじ》でした。先祖代々のお墓の前に立ったとき、静かに一言、

「マツ、お母さんの名前は井上マツ」

その場にいたみんなビックリしました。

なんと琴絵さんは忘れていたお母さんの名前を思い出したのです。

ピンチを分解

認知症の人は昔のことは鮮明に憶えているけど、最近のことは忘れやすい、とよく言われます。でも、それは人それぞれです。そして琴絵さんのように、**きっかけさえあれば一度は忘れてしまった記憶が戻る**こともあります。

例えば思い出の場所へ行ったり、会いたい人に会いに行ったり。すると感情が動いて記憶力も刺激されます。**感情と記憶はつながっている**んですね。

テレビ番組の『ファミリーヒストリー』、あるいは『探偵!ナイトスクープ』みたいなノリで、お年寄りと一緒に思い出の場所を探してみませんか? 思いがけない感動と出会えるかもしれませんよ。

介護の大ピンチ

38

便意×メンタル

外出時大便問題

大便とメンタルは密接に関係しているんですね。
お年寄りの健康のため僕も常に気にしています

トイレにまつわる大騒動は、介護にはつきもの。**トイレがスムーズにできないことは、お年寄りのメンタルにも大きく影響**します。

紹介するのは栗山さん（88歳）のエピソードです。栗山さんは、長年外国航路にお勤めしていた海の男。いるだけでくろまめさん全体が活気に包まれるような、豪快なお人柄。

ある日、みんなで「京都タワーに上ったことがない！」という話になり、遠出することになりました。くろまめさんは京都府の田舎にあるので、京の都までは車で1時間ちょっとかかります。無事到着し京都タワーに上って、「あそこは御所やで〜」「あれは平安神宮や！」などと盛り上がっていると、急に栗山さんがソワソワ。ちょっとお顔が紅潮しています。

こ、これはもしや！　僕らスタッフは目を合わせて無言の会話「あれだね」「あれだな」。

なんとこの栗山さん、家以外ではフンコ（大便）ができない弱点のもち主なのです！

くろまめさんでフンコがしたくなると、急に「帰るわ！」と言い、家まで帰ってから用を足します。それからまた、くろまめさんにやってくる。と、いった具合。大変な弱点やな（汗）。

僕たちは「あそこにトイレがある。行っときませんか？」とか、「みんなでごはんの前に行っとこうよ〜トイレ♡」などと、なんとか誘導するのですが、栗山さんは「大丈夫や！　行かん行かん！」と、ムキになり、ついには勢いよく京都タワーを飛び出しました。

とっさにスタッフの花子ちゃんがついていったのですが、栗山さん、タクシーを拾って乗り込みました。追いかける花子ちゃん、負けじと同乗完了。ふたりは行ってしまいました。なんという攻防戦！　残された僕らはしっかりおいしいお昼ごはんを食べて、くろまめさんに帰りました。先に帰っていた花子ちゃんに「あの後どうなったん？」と聞くと、「やっぱり運転手さんに自宅までを指示してました。腰を上げたり、座ったり、様子がおかしいから運転手さんも急いでくれて。家に着いて玄関入ったら、フンコがズボンの隙間からボトっと落ちました」とのこと。タクシー代、2万円かかったそうです。

1回のフンコに2万円。ぼくなら無料で野グソを選びます（笑）。冗談ですよ。本当に。

ピンチを分解

トイレは、介護の重要なポイントです。便秘による不快感が強いストレスを招き、せん妄《もう》のリスクを高めたり、尿意を抑えるために水分を控える方も多く、体調を崩す原因に。トイレが間に合うか、落ち着いてできるか、失敗しないかなど、お年寄りは無意識にトイレに振り回されています。だからと言って外出を控えるなんていうのはメンタル面でももっと逆効果。できるだけさりげなく、適度にトイレに誘ったり、お茶を勧めたり、リラックスしてトイレができる場も調べておきたいもの。そして、**どんなことがあってもサポートする！**　そんな覚悟も大事です。

介護の大ピンチ

39

お風呂拒否

「お風呂には入りません！」

「お風呂に入って」と言われれば言われるほど、
億劫になるもんなんですよねぇ

トイレと同様に介護者が悩みがちになるのが「お風呂に入ってくれない問題」。**お風呂を嫌がる認知症の方はけっこう多く、その理由もさまざま**です。

元教師の敏和さん（85歳）は軽度の認知症。転んで左足を複雑骨折してしまい、それを機にくろまめさんへ主に入浴サービスを利用するため通うようになりました。敏和さんのマイルールは「午前中にお風呂へ入ること」。だからいつも昼食前にお風呂に入ってもらっています。

ある日、みんなで金閣寺まで出かけて、午後3時頃にくろまめさんへ戻ってきたときのこと。敏和さんにお風呂へ入ってもらおうとしたのですが、「もう午後だから入らない」ときっぱり拒否されてしまいました。これは僕のミス。マイルールにこだわる敏和さんの性格をちゃんと把握していなかった。

もしも帰宅してからお風呂に入りたくなって（その可能性は大いにある！）、万一お風呂場で転倒でもしたら。しかも敏和さんはひとり暮らし。でもここで無理強いをしたら、かえって逆効果だし。どうしよう、そろそろ自宅に送る時間だ。あわあわする僕を見かねてか「私に任せてください」とスタッフの花子ちゃんが敏和さんを自宅まで送ってくれました。

2時間後、くろまめさんに戻ってきた花子ちゃんは髪が濡《ぬ》れていて、全身からぽかぽかと湯気が出ています。

「お風呂の準備をしたら『あんたが先に入り』と言われたので、先に入ったんですよ」

なんと花子ちゃん、敏和さんの家でお風呂に入ってきたとのこと。

「自分も入ったのだから次はあなたの番ですよ」と言ったら、入ってくれたそうです。

敏和さんは「入浴してほしい」という花子ちゃんの本気度を試したのでしょうか？　そして、そのテストに花子ちゃんは合格したのでしょうか？　いずれにせよ、なんとなく「負けた……」と思った僕でした。

ピンチを分解

「お風呂に入って」と言われれば言われるほど億劫になる気持ちは、なんだかわかる気もします。言い方によっては、「お風呂に入って」＝「汚いから」と受けとめられてしまいかねない。指示するように言うのではなく、「腰痛が和らぐ入浴剤があるので試してみませんか？」と別の理由で誘ったり、「ちょっといいですか？」と、言葉には出さずになんとなくお風呂場に向かってなし崩し的に入浴準備をしてみたり。花子ちゃんの場合は自らお風呂に入ることで敏和さんの信頼を勝ちとったようですね。

ガチンコ勝負ではなく、相手の方に「しょうがないなぁ」と思ってもらう状況を作るのも、ひとつの手かもしれません。

介護の大ピンチ

40

孤立・人見知り

介護施設でひとりぼっち

思い出の場所に行く。しゅんとした心が
起きあがるきっかけになるかもしれませんよ

ここまで読んできて、「くろまめさんではずいぶん外出をするんだなあ」と思った方もいるかもしれません。そのとおり。外出はお年寄りの心を元気にする方法のひとつだと僕は捉えています。例えばこんな外出エピソードもありまして。

パーキンソン病で車イスを使っている孝さん（77歳）は、西陣織の元職人さん。職人気質と言うのでしょうか、非常にまじめな性格で、寡黙でちょっと人見知り。それまでほかのデイサービスに通っていましたが、なかなかなじめず、くろまめさんへ移ってきました。だけどうちでも孤立しがちで、ひとりぽつんと過ごしていることが多い。人なつっこいスタッフのサブローくんが話しかけてみても、反応はいまいち。このままだと、くろまめさんにも来てくれなくなるかも。

どうしたら心を開いてもらえるだろうと、奥さんの歌子さんに、孝さんの好きなものを聞いてみました。すると、

「主人は百合《ゆり》の花が好きなんです」

発病する前はよく隣町にある百合園まで出かけ、百合の花をスケッチしていたそう。

そこで僕らは次の日、送迎車で孝さんを迎えに行くと、くろまめさんではなく百合園へ向かいました。季節は6月上旬。まさにこれからが百合の見頃の時期です。

色とりどりに百合の花が咲いている光景を目にした孝さんは、最初はびっくりして、そ

れからゆっくりと笑ってくれました。

それ以来、少しずつ自分のことを話してくれるようになったんです。百合の柄の織物を得意としていたこと、歌子さんとの最初のデートがこの百合園だったこと、今は遠くに暮らしている子どもたちが小さい頃も、家族でたびたび訪れたこと。

「生きてるうちにもう一度、ここに来られるとは思わなかった。嬉しいです」

その言葉を聞けて、僕も嬉しくなりました。

孝さんは少しずつ、くろまめさんのスタッフやお年寄りと言葉を交わすようになり、今も週に3回、通ってくれています。そしてときどきあの百合園へ、今はみんなで出かけています。

ピンチを分解

思い出の場所へ行くことは、人生の中で輝いていた頃の自分と出会い直すことでもあります。そして孝さんのように、しゅんとしていた心が起きあがるきっかけとなることも。

だから僕は思い出の場所や好きな場所へ行くこと、会いたい人に会うことを勧めています（というか率先して僕が楽しんでいます）。**本人が億劫がって行きたい場所を言わない、という場合には、「今まで行ったところで一番楽しかったのはどこだった？」というふうに引き出してみてください**。知っておいて損はないし、行けるタイミングも来るはずです。

介護の大ピンチ

41

尿意×メンタル

ごはんの後は必ず不機嫌

「トイレはどこにある？」そのひと言が
言えないことだってあるんです

ピンチ38では便意とメンタルの関係をお話ししましたが、今回は尿意とメンタルについて語りたいと思います。そう、**尿意もまたメンタルと深くつながっている**のです。

てる美さん（85歳）は旦那さんが亡くなられてから、ひとり暮らし。認知症の症状が出はじめて、ご近所中を歩き回って同じことを何度も尋ねたり、お店で支払い方がわからず、お財布ごと渡してしまうなど、トラブルが続きました。離れて暮らす息子さんは施設入居を勧めましたが、てる美さんは断固として拒否。そりゃ、旦那さんと暮らしたこの家を離れたくないですよね。

ということで、くろまめさんに通ってくれることになりました。ただ、なぜかお昼ごはんの後に必ず不機嫌になって「帰る！」と言って飛び出していかれるのです。

ついて行くのも一苦労。てる美さん、足が早いんです。

トホホ。なんで毎回こうなるんだろう。ごはんが口に合わない？　午前中で疲れちゃう？　ああでもない、こうでもないと、スタッフは毎回反省会です。

そんなある日、スタッフのサブローくんがいつものように飛び出したてる美さんを追っかけて、はっとしました！　家に着くなり、てる美さんはトイレに駆け込んだのです。その後、スッキリした顔でサブローくんに「ついてきてくれたん？　ありがとう」と。

てる美さんは、くろまめさんのトイレの場所がわからず、聞くのも恥ずかしかったのでしょう。トイレの場所は説明していましたが、いざ用を足したいときは、もう忘れてしまっているのです。不機嫌の原因がわかり、僕たちもこまめにトイレまで案内するように心がけました。それからは、てる美さんも一日中落ち着いてくろまめさんで過ごしてくれるようになったのです。

ピンチを分解

尿意や便意は、認知症の方にとって、とても重要です。**尿意や便意が認識できず、精神が不安定になってしまう。また、失敗してはいけないと、極度に緊張して我慢してしまう方もいます**。一方でてる美さんのように、場所さえわかれば、どうってことない方も。

大事なことは、不機嫌の原因はなにか？　その人をよく見て接して、関わる人たちであらゆる意見を交わすこと。そうこうしているうちに、必ず原因が見えてくるのです。

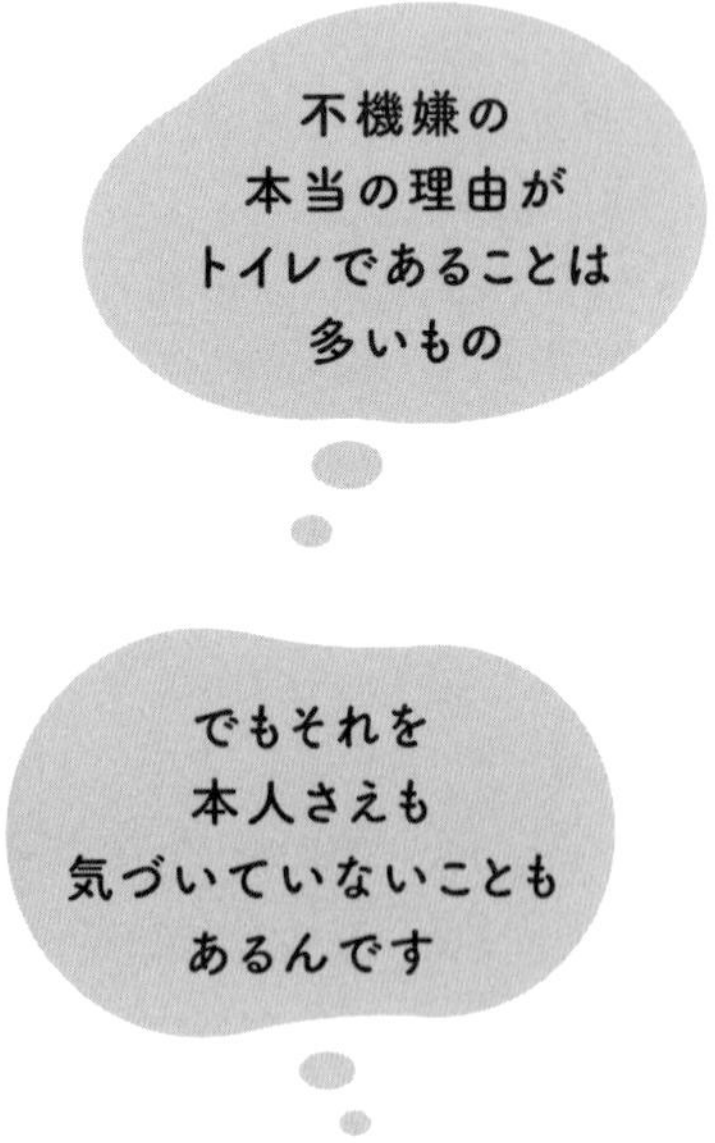
不機嫌の本当の理由がトイレであることは多いもの
でもそれを本人さえも気づいていないこともあるんです

介護の大ピンチ

42

転倒

注意していたのに転倒し骨折

介護はやることが多い。視野が狭くなってしまうんです。
ただただ見守る時間が事故を防ぐことになるかも

くろまめさんでは、お年寄りが自由に楽しく過ごすことを大切にしています。玄関は出入り自由ですし、畑での農作業や食事の支度に後片付けも、スタッフと利用者で協力してやっています。そんな自由な環境なので、ときには事故が起こることも。

それは、お昼ごはんを食べた後のことでした。僕たちスタッフは食器を片付けたり（下膳）、トイレにつき添ったり、お昼寝をしたい人に毛布をかけたりと、慌ただしい空気でした。

背後で、どん、という音がして振り返ると、美絵さん（91歳）が床でうずくまっていたのです。おそらく座イスから立ち上がろうとして、よろけて転んでしまったのでしょう。すぐに病院へ運ぶと、大腿骨《だいたいこつ》の骨折で全治1か月とのことでした。

美絵さんは僕のすぐ後ろにいたのに、どうして転ぶのを防げなかったんだろう。反省した僕はスタッフ全員で話し合う場を設けました。

「介護事故を防ぐためにはどうすればいいか会議」です。

サブローくんがまっ先に手を挙げて、「それぞれの役割を決めたほうがいいです」と提案しました。今後は下膳役、トイレのつき添い役、昼寝の介助役などの役割分担をしっかり決めて、その中に「事故が起きないための見守り役」も入れましょう、と。

なるほどと思ったものの、どこかしっくりしないものを感じていると、花子ちゃんが「私はそれには反対です」と発言。

「担当を決めると、かえって自分の受けもち部分しか見えなくなっちゃうんじゃないかな」下膳役は下膳しか、トイレのつき添い役はトイレに行きたい人にしか注意が向かなくなる恐れがある、と。

「役割を決めるのではなく、ひとりひとりがもっと視野を広げていきませんか」

それだ、と思いました。あのとき僕が目の前のことだけでなく、もっと広い視野で周りを見ていたら、美絵さんが立ち上がろうとしているのに気づけていたはずだったんです。

視野の狭さが事故を招く。そのことを教えられました。

ピンチを分解

数ある介護事故の中で上位にくるのが転倒です。立ち上がるときや座るとき、ちょっとした段差や家具につまずいたり、トイレやお風呂場で転んでしまうこともあります。防ぐ方法としては「滑り止めを敷く」「床に物を置かない」などがあります。できる対策をしておくことはもちろん大事です。そのうえで、お年寄りの行動に対する視野を広げることも大切ですね。例えば、食事の後は動作がゆっくりになるから気をつけて見ていよう、今は眠そうだから横になるよう促そうか、など。**ただただ一歩下がって見ていると、次にどんな行動をとるかもわかってきます。それが事故を防ぐことにもつながる。「見る」ことも介護なんです。**

介護の大ピンチ

43

無口でシャイ

接し方に困る

ただじっと耳を傾けて話を聞く、
それで作れる関係性もありますよ

お年寄りとのコミュニケーションの仕方に悩んでいるという相談をたまに受けます。**互いに気を遣ってぎくしゃくする、そもそも会話が続かない**、などなど。

2か月前からくろまめさんに通いはじめた豊吉さん（77歳）は、無口でシャイな方。男性は女性と比べると、デイサービスになじむのに時間がかかる傾向があるのですが、豊吉さんもそんな感じです。

ほかのお年寄りに話しかけられても、ひと言ふた言くらいしか会話が続かず、日がな一日テレビの前に座っています。スタッフのサブローくんは「豊吉さんをもっとみんなの輪の中に誘いましょうか？」と言うけれど、ご本人がひとりでいるのを好むのなら、ソッとしておいたほうがいいだろうかと僕は若干、接し方に迷っていました。

そんなある日、花子ちゃんが豊吉さんとおしゃべりをしていたのです。次の日もまた次の日も。昼食後にテレビを観ている豊吉さんの隣に座り、朗らかに会話しています。豊吉さんの表情も心なしか楽しそうで。

後で花子ちゃんになんの話をしていたのか尋ねると、「豊吉さんは毎日必ずお昼の連続ドラマを観ているので、その話をしてたんです」という答えが。

「この女優さんいいですよね～って話しかけたら『うちの女房の若い頃に似てる』って、豊吉さんが呟いて」

それから話がじょじょに弾んだとのこと。実は花子ちゃん、以前スナックでアルバイトをしていたことがあって、とても聞き上手なんです。一緒にテレビを観ながら、そろそろ話しかけても大丈夫な頃合いかな、というのをちゃんと見て、豊吉さんに声をかけたといいます。

「スナックのママさんが言ってたんです。お客様との距離感を大事にしながらお話しするのよ。ほかの人たちと違って、自分たちはただの『お客様と店員』じゃない。『私とあなた』という特別なつながりを感じられる関係が大切なのよ、って」

な……なるほど。たしかにスナックも介護職も人間を相手にする仕事。遠いようでいて近いのかもしれません。うちも今後は「スナック　くろまめさん」みたいな感じでやっていこうかな。

ピンチを分解

介護する人と介護される人という関係を超えて、固有名詞をもつ「私とあなた」という関係性こそ、僕らが目指しているものです。スナックの例から学ぶとすれば、会話は盛り上がればいいってものではありませんよね。ときには相手の話にじっと耳を傾けるだけでもいいのかもしれません。**お互いにとって、いい意味でかけがえのない存在になれたとき、ようやく介護の意味と価値の片鱗《へんりん》が見えてくる**ような気がしています。

人しか人を支えることはできないんです。

介護の大ピンチ

44

認知症と施錠

部屋の施錠 する？ しない？

人間、自由がなくなると感情もなくなるもの。
施錠すれば体は安全。でも心は？

※施錠することは虐待とみなされるケースもあります。医師やケアマネジャーと相談するなど、適切な対策を講じる必要があります。

認知症を患っていると、家の中でさえ危険なことがあるのではないかと心配になりますよね。ケアマネジャーさんなどに**部屋を施錠するかどうかの相談をする方も多いのではないでしょうか**。今回は施錠に関するエピソードです。

奥さんとふたり暮らしの英二さん（77歳）は、京丹波でも雪深い地域に住んでいます。その年の冬は特に雪が多く、英二さんを車で送迎している奥さんから「豪雪期間の間だけ、夫をくろまめさんに泊めてほしいのですが」と頼まれました。送迎中にスリップ事故など起きたら大変ですから。

それで泊まりに来てもらうことにしたのですが、数日たつと英二さんは「家に帰りたい」と癇癪《かんしゃく》を起こすようになりました。スタッフを怒鳴り、ほかのお年寄りとケンカして、無断で外出してしまうことも何度か。自宅に帰ることができず、ストレスが溜まったのでしょう。

その後、自宅近くの特別養護老人ホームに空きが出たそうで、英二さんはそちらへ移りました。

数か月後、その施設で働いている知人と研修会で偶然出会い、英二さんの話になったのです。

「英二さん、自宅に帰りたいって、よく怒ってない？」と僕が問うと、

「全然！　むしろお話されない静かな人だよ」

という答えが。僕は英二さんの変わりっぷりにビックリしました。

詳しく聞くと、その施設では介護棟の出入り口と玄関に、電子施錠をとり入れていて、

入居者が絶対に外へ出られないようになっているそう。英二さんはたしかに入居当初は「家に帰る！」と怒ってばかりいたようです。だけど次第に怒るのを諦めて、知人いわく、「おとなしい人」になってしまったのかもしれません。

「閉じ込めているみたいで申し訳ないけど、そうしないと勝手に外へ出ちゃう人もいるからね」

彼は複雑な表情でアドバイスを続けました（汗）。

「くろまめさんもそうしたら？　そのほうが安全だよ」

ピンチを分解

たしかに、鍵をかけてお年寄りが勝手に外へ出ないようにすると、事故や事件に巻き込まれる危険はありません。だけどそれは、その人から自由をとり上げることでもあります。けっして電子施錠を取り入れている施設を、非難したいわけではありません。ただ、施錠にはこうした問題がつきまとうことを伝えたいのです。**自由がなくなると人の感情は衰えます。特に「怒り」や「喜び」など、エネルギーを使う感情は自由度の高さと結びついています。**施錠に限らず、介護の現場では安全度を優先させるか、自由度を優先させるかという悩みはつきまといます。どちらを優先させても間違いではないと思います。でも、どちらを選んだとしても、「相手の感情を奪わない」ことは大切にしたいと思います。

介護の大ピンチ

45

諦める

忘れちゃったのかな、オヤジ

諦めること、忘れること。
それはすべてを受け入れているということかも

「諦めるな」って言葉、よく聞きますよね。諦めないでがんばれ、とか。諦めたら試合終了、とか（『スラムダンク』世代なのです）。だけど**介護の世界では、諦めるというのは、けっして悪いことではない**んです。

京都の円町で生まれ育ち、家業の酒屋を営んできた正夫さん（95歳）。今は息子さん夫婦と同居して、そこからくろまめさんへ通ってきています。最初の頃は「うちへ帰りたいのですが円町行きのバスはどこですか？」とよく聞かれました。そんなときは円町の思い出をたくさん話していただいて、帰りたい気持ちをなんとなく消化してもらっていました。でも最近はあまり「帰りたい」と口にしなくなり、こちらから尋ねても「よく憶えてないなあ」と言うばかり。息子さんも「オヤジはもう昔のこと、忘れてしまったのかもなあ」と寂しそうです。

そこで、息子さんも誘って正夫さんと円町までドライブすることにしました。円町はくろまめさんから車で1時間くらい。町が近づくにつれ、窓外を眺める正夫さんの顔が少しずつ晴れやかになってきました。

現在は閉業しているかつて生家にあった酒屋を訪れると「ああ、この銘柄は〇〇で」と商号の看板を指しながら説明をすらすらしてくれます。それを見て息子さんも「オヤジ、ちゃんと憶えとったんやなあ」と嬉しそう。ご近所さんも次々に集まってきて「正夫さん、久しぶりやなあ」と、和気あいあいとした時間を過ごしました。

それから1年がたった今、正夫さんは完全に円町のことを口にしなくなりました。

「正夫さん、去年一緒に円町までドライブして楽しかったですねえ」

僕がそう言うと、「円町ってどこだったかいなあ」と穏やかな表情で首をかしげます。

正夫さんは少しずつ昔のことを忘れていっているようです。それは、**忘れる自分を受けとめているように**も見えるのです。

ピンチを分解

「うちへ帰りたい」と言う人は多いです。ピンチ7では「とりあえず一緒に外出する」という方法を紹介しましたが、その場所の思い出を話してもらうのも効果的です。思い出話には気持ちを落ち着かせる作用があります。僕たちも昔の話をしていると、心が和らぎませんか？

思い出話をすることで「帰りたい」という葛藤が消え、おそらくいろいろなことを諦められる境地へと、人は近づいていくのではないでしょうか。ちなみに仏教では「諦める」とは「ものごとを明らかに見る、受け入れる」という意味なのだそうです。なんだか老いることそのものを指しているような言葉ですね。

介護の大ピンチ

46

予感

もう長く ないのかな

手紙を書いてもらうのはどうでしょう。心と頭、体のリハビリになるし、もらったほうも嬉しいです

メールやLINEが当たり前になった今、手書きで手紙を書くことって、なかなかないですよね。でも、そんな便利ツールがなかった時代に生きてきたお年寄りは、手書きが日常。慣れたもので、達筆の方が多いんです。

夏生さん（98歳）も、そんなおひとり。長年、瓦屋さんを営んでこられ、一本筋の通った職人気質、まさに大将の貫禄《かんろく》です。

一方、カラオケをはじめるとマイクを離さないお茶目な一面も。

夏生さんは、持病を抱え超高齢ですから、入退院を繰り返していました。あるときから、どんどん痩せていかれて、これはそろそろ体力がもたないかもと、僕は感じていました。

とにかく、いつもの気迫がない。そんな夏生さんを見ているのがつらかったのです。僕は気分転換に誘いました。

「夏生さん、あの達筆見たいです。誰かに手紙を書いてみませんか？」

「うーん、そう言うなら書いてみよかな」

と、夏生さんは渋々なご様子。

でも、いざ書きはじめると手慣れたものです。筆が走る走る。

1枚目は奥さんに。

「あの人にはホンマに苦労かけたんや」

２枚目は息子さんに。

「後継いで、ようやってくれてるで。そやけど、まだまだやなぁ」

嬉しそうに、お孫さんや友人たちへも、次々と書いていかれました。

なんと僕にも1枚。

「あんたは若いのに、ようやってる！　今の気持ちを忘れたらあかんで。このままいけば、大丈夫」だって。ありがとう夏生さん、泣けてきます。

夏生さんはその数日後に、体調が悪化し、亡くなられました。後日、夏生さんのお孫さんから、手書きのお手紙が届きました。

「おじいちゃんからのあの手紙は、私の宝物です」と。

ピンチを分解

高齢になると、文字を書く機会が減っていきます。目が見えにくいし、あんた書いといて、とか、複雑な書類は家族に任せるとか。でも長年の記憶で、書きはじめると難しい漢字がすらすら書けたり、若者にはとうてい書けない達筆だったりします。そして**文を書くことで、集中力や考えを整理することにもつながる。まさに心と頭、指先のリハビリです。**

特に手紙は、もらったほうも嬉しく、宝物になりますよ。

介護の大ピンチ

47

看取り①

救急車は呼ぶべき？

看《み》取《と》りは急にやってくるかもしれません。
事前に話しておくことを避けないでほしいと思うのです

僕はこれまで何人ものお年寄りをお看取りしてきました。くろまめさんで亡くなった方もいれば、自宅や病院で亡くなった方々もいます。**看取りの形はさまざまで、これが正解というものはありません**が、いいお看取りができたと感じられた忠司さん（84歳）のお話をさせてください。

元大工の忠司さんは脳梗塞で倒れて以来、入退院を繰り返してきました。まだまだお元気だろうと思っていたのですが、ある日、吐血したのです。元看護師でもあるスタッフの花子ちゃんは「これは危ない」と感じ、救急車を呼ぼうとします。だけど忠司さんはそれを拒否。もう入院はしたくない、と前々から考えていたのだそうです。ご家族も同意していて、

「お父さんのしたいようにさせてください」

と奥さんから言われました。多分、このままだと忠司さんはもう長くないかもしれない。主治医にも相談し、くろまめさんで最期までお世話しようということになったのです。

それでも花子ちゃんは、やはり元看護師なので、今からでも病院へ行ってほしい思いがありました。忠司さんの気持ちはわかる。でも、病院で治療を受けたらもっと長生きできるのにと。忠司さんの介護をしながら、涙がぽろぽろあふれてきます。

そんな彼女に、忠司さんの奥さんが呼びかけました。

「お父さんの好きな歌を一緒に歌いましょう」

忠司さんの十八番《おはこ》だった『上を向いて歩こう』をみんなで歌いました。忠司さんは微笑みながら聴いていて、そのまま、すーっと亡くなりました。

その穏やかな死に顔に、花子ちゃんはやっと、あのとき救急車を呼ばなくてよかったんだと思えたそうです。もし入院していたら、大合唱をしながらのお看取りなんて、とてもできなかっただろうから、と。

ピンチを分解

忠司さんのように、お年寄りはなにかの体調不良がきっかけで、いきなり容態が悪くなることがあります。そういうときに救急車を呼ぶか呼ばないか。すなわち最期を病院で迎えたいか、それとも自宅（あるいは施設）で迎えたいかどうかは、元気なうちにこそ話題にしたほうがいいと思います。真剣に話し合いの場を設けなくても、テレビ番組をきっかけにしたり、世間話のように、冗談のように話せたらいいですよね。何度か話題にすると、**希望はその時々によって変わっても「病院で管につながれて死ぬのだけは嫌だ」**など、**絶対に避けたいことがわかる**かもしれません。いざ、**そのときになって気持ちが変わってもいい**のです。肝心なのは、前もって「どこで死にたいか、どこで死にたくないか」というのを考えておくこと。そうしておいたら、いざというときの心構えも違ってきます。

介護の大ピンチ

48

看取り②

看取りがはじまる

老衰のような場合は生から死へゆるやかに
移行していくかのように見えます

ピンチ47に続いて看取りのお話をします。老衰のような場合の看取りは、ある日突然はじまるのではなく、少しずつはじまるものです。

秋子さん（89歳）はいたって健康な方で、これまで病気らしい病気をしたことはありません。数年前までは畑仕事もしていて、くろまめさんの敷地内にある畑での野菜作りも、たびたび手伝ってくれていました。

「わしゃあ、いつ死んでもかまわん」

が口癖で、おしゃべりで明るくやさしい人。そんな秋子さん、ある時期を境に様子が変わってきたのです。それはほんのちょっとした変化で、僕がそれに気づいたのは職業的な勘というのもあるかもしれません。まず、**食事の量がゆるやかに減っていった。そしてだんだん活動的ではなくなってきたというか、横になっている時間が増えていきました。**経験則的に、お看取りがはじまったな、と感じました。

秋子さんはご家族に「死ぬなら自宅がいい」と言っていたので、また特に病気というわけでもないので、病院へ行くことは選びませんでした。

少しずつ食欲が落ちて、ついには一日にコップ1杯程度の水しか受けつけなくなっていく秋子さん。布団の中で横になり、意識はだんだん朦朧《もうろう》としてきて、その姿はまるで一輪の花が枯れていくかのようです。

話すのも億劫なのか、秋子さんはしゃべらなくなっていきます。だけど耳はきちんと聞こえていて、「寒くないですか」と声をかけると、目を閉じたまま、うん、とうなずきます。そんな状態が3週間ほども続いたでしょうか。ある秋の日の夕暮れ、秋子さんは眠ったまま、いつの間にか息をしていませんでした。生から死へと、ゆるやかに移行するかのような亡くなり方でした。自然の摂理に従い、抗《あらが》うことなく命を終えた秋子さんに、

「お疲れさまでした」

と最後のご挨拶をしました。

ピンチを分解

秋子さんはいわゆる「老衰」で亡くなりました。老衰の場合は、こんなふうにゆるやかに看取りがはじまります。食事の量が減った、水しか飲まないようになった、起きていてもなんだか朦朧としている、などは看取りがはじまる兆しかもしれません。

ここで注意していただきたいのは、**身体の機能が相当に衰えても、聴覚はしっかりしている方が多い**ということです。たとえ目を閉じて眠っているように見えても、実は耳はよく聞こえています。なので、**普段どおりに話しかけてください**。返事が来なくてもあなたの声は届いているはずですよ。

介護の大ピンチ

49

看取り③

家で死ぬのが怖い

最期は「住み慣れた家がいいだろう」と思いがち。でも、病院を希望する人もいるんです

お看取り編の最後は、病院を死に場所として選んだ方のエピソードです。

志保さん（93歳）は田畑に囲まれた農家で、ひとり暮らしをしているおばあさん。戦前の女学校を優秀な成績で卒業され、その凜とした佇まいはくろまめさんの中で異彩を放っていました。

それでいてすごく怖がりで、怪談や幽霊が大の苦手。ときどき、広い家にひとりでいるのが怖いという志保さんのために、うちの女性スタッフが総出でお泊まり会をしに行くこともありました。

そんな志保さんですが、心肥大が悪化して病院に入院することになったのです。前々から「死ぬのならくろまめさんで」と、志保さんは僕らにも、遠方にいる息子さんにも告げていました。だけど、状態も落ち着いて退院の日取りが決まった頃、志保さんは僕に「このまま病院にいたい」と言ったのです。

「病院にいると安心できるんです。だから、どうかこのまま病院にいさせてください」

その言葉に、はっと胸を衝《つ》かれました。もしかして志保さんが怖がりな理由には、ひとりで暮らしている不安感が底のほうにあったのかもしれないということに、初めて気がついたのです。

志保さんの快気祝いを準備していた僕らですが、病院側にかけあい、病室でお祝いをさせてもらいました。それからは毎日のようにスタッフの誰かが志保さんに会いに行き、お年寄りのみなさんを連れて「志保さんお見舞いツアー」をやったことも。

病室での志保さんは、びっくりするほどくつろいで見え、くろまめさんにいるときよりもずっとリラックスしているようでした。長い年月ひとりで家を守ってきて、きっと、常に気持ちが張りつめていたのでしょう。

その後、一度も自宅へ戻ることなく志保さんは病院で亡くなりました。人生最期の数か月間をのんびり過ごすことができてよかった。心からそう思います。

ピンチを分解

「お看取りは住み慣れた場所が幸せだろう」と考えていましたが、そんな思い込みを覆されたエピソードです。志保さんのようにひとり暮らしの方や、病気を抱えている方の場合(もちろんそうでなくとも)、**自宅よりも病院で亡くなることを希望する、というのもある**かと思います。

また、死期が迫ってから気持ちが変わることもけっして珍しくありません。どこを死に場所として望むのであれ、**大切なのは、どこが一番その人が安らかな気持ちでいられるか**、だと思うのです。ご本人の気持ちに耳を傾けて、安心して終えられる環境を整えること。それが看取りの本質です。

50

介護の正解

居心地がいいとは？

ここにいる人みんなが必要とされている場所、
それが僕の目指す介護施設です

くろまめさんでは月に1度、介護に関する研修会を行っています。そこで僕がよく話すのは**「医療は数学や科学かもしれないけれど、介護は国語や文学だと思う」**ということ。介護は数学や科学と違って、正解はひとつではなく、エビデンスでは語れないことがたくさんあるからです。

少し思い出話につき合ってください。僕の実家は総勢10名もの大家族で、僕は6人兄弟の上から4番目です。上の兄たちはずっと年上なので、年少の僕と弟は小さい頃からあまり遊んでもらえませんでした。

そんな僕らの遊び相手になってくれたのが、キミちゃんです。

キミちゃんは祖父の妹で、知的障害があるので祖父が引きとって、ずっと面倒をみていました。父も母も仕事で忙しかったので、代わってキミちゃんが僕らのお守り役をしてくれました。キミちゃんには、ちゃんと家の中での役割があったんです。それは玄関の靴をそろえておくこと。10人家族なので靴も多く、僕たちなんて靴を脱ぎっぱなしにしていました。それをキミちゃんは、いつもきちんとそろえてくれていたんです。

おかげでうちの玄関は常にきれいでした。

今になって振り返ると、キミちゃんがいろいろやってくれていたおかげで、我が家はまわっていたのだと思います。子ども心にも、キミちゃんは普通の人とはちょっと違うところがあると感じていましたが、それでどうということもなく。

祖父はキミちゃんのことを、こう言ってました。

「キミが大変なことをぜんぶ吸いとってくれたから、わしらは元気でいられるんやなあ」

そうなんだ、ありがとうキミちゃんと、僕は思ったものです。

キミちゃんの存在が、どう家族を幸せにしていたかの因果関係は一言ではあらわせません。まさに数学や科学では説明できないということ。

でも、この経験を通し、どんな人でも対等に楽しく、ごちゃごちゃと賑《にぎ》やかに暮らせる場所がもっとあればいいのになあ……と僕は思いました。そう、くろまめさんの原点はキミちゃんがいた我が家なんです。

ピンチを分解

この経験から僕が強く感じたのは、**「どんな人でも対等に楽しい場所」を作るために必要なのは、「そこにいるみんなが必要とされている状態」**であること。キミちゃんのように知的障害がある人、あるいは身体が不自由だったり、認知症の人。方法ややり方はひとつではないし、正解もないけれど、僕はくろまめさんに来た人みんなに**「自分は必要なんだ」と感じてもらえるような居場所作り**をしたいと思っています。

51

祖母の看取り

介護のプロでも そりゃ悩む

祖母を退院させるか否か。人より看取りの経験が多い
僕でもすぐには決められませんでした

ピンチ50に続いて、思い出話の続きです。最後に僕自身が祖母を看取ったときのことをお話しさせてください。僕は小さい頃からおばあちゃん子で、祖母が大好きでした。兄たちによく泣かされては、おばあちゃんの部屋へ駆けこんで、

「もう泣かんとき。チョコレートあげような」

と、よくなぐさめてもらっていました。

そんな祖母に11年前、末期の胃がんが見つかりました。自宅で大量吐血し、地元の総合病院へ緊急搬送。点滴と輸血とモルヒネが投与され、意識のない状態でベッドに横たわります。祖母は搬送前に、担当医師に「私にはたくさん家族がいるので、最期は家で迎えようと考えています」と予《あらかじ》め告げていました。

だけど僕は、**この状態の祖母を退院させてもいいのかどうか、迷いに迷いました**。本人の希望どおりにすべきだと頭ではわかっていたのですが、気持ちのうえでの踏ん切りがつかなくて。するとと伯母のひとりが「お母さんを家へ連れて帰ろう」と言ってくれ、それに背中を押されました。かくして祖母は帰宅したのです。必要最低限の点滴だけつけて、尿カテーテルもやめました。

本当に大丈夫だろうか……という僕の心配をよそに、なんと翌朝、祖母は自分で歩いてトイレへ行ったのです。病院では寝たきりだったのに！　さらに、

「モルヒネはしんどかったなあ」

と言いました。どうやら**薬で意識が朦朧とするのが、つらかった**みたい。

自宅に戻ってから祖母は17日間を僕たち家族と共に過ごしました。ビールをのみ（おい！）、大好きな桃とぶどうを食べ、親戚も毎日のように来てくれました。盆と正月が一緒に来たかのような、賑やかで騒がしい日々でした。

そうして家族みんなに見守られ、手を振って、眠るような大往生を遂げました。祖母の最期の17日間は僕にいろんなものを教えてくれました。介護ってなんだろう？　医療ってなんだろう？　幸せなお看取りってなんだろう？　僕は今もそれについて考えています。

ピンチを分解

ここまで看取りのエピソードいくつかを語ってきましたが、僕自身も実の祖母がそういう状態になったとき、どこで治療の線引きをするのかすごく悩んで、なかなか決められなかったんです。**母や伯母たちがいてくれたから、みんなで責任を分散できた**のだと思います。

モルヒネで意識が朦朧とするのを祖母本人が「しんどい」と感じていたことも衝撃でした。なにがしんどくて、なにがラクなのかは本人にしかわからないですね。正解はないから、これまで語ってきたたくさんのエピソードが、あなたの幸せのアシストをしてくれたらと思うのです。

なにが起こるか
知っていれば
心がラクになる

第１部に登場したお年寄りやご家族の名前や年齢は架空のものであり、実在の人物とは関係ありません。

また、掲載されているストーリーは、著者の経験に基づくものですが、わかりやすく伝えるために一部編集・脚色を加えております。

第2部

介護技術

7

「立ち上がり」「ごはん」「移乗」「車イス」

「トイレ」「お風呂」「車（お出かけ）」

生活をラクに楽しくする介護技術7つを

マンガで解説します

プロじゃない人が完璧にできないのは当然

でも、「こんな介護技術があるのなら、

トイレに行ける。外出もできる！」と、

前向きな気持ちになってもらえたら嬉しいです

あなたの力になりますように

介護技術

1

立ち上がり

介護技術の勉強会で
「手品みたい！」と声が上がる
「立ち上がり」の方法
ポイントは「持ち上げない、引き上げない」こと
これで自分より重い人でも
立ち上がらせることができますよ

立ち上がり
じゃあ、立ちましょうね
よいしょおっ…
ピキッ
大丈夫か〜
タタッ
サッ
いててて
気をつけてね 介護職で一番怖いのは腰を痛めることだよ
この若さでぎっくり腰になるのはつらいなあ…
それを防ぐために、腰に負担をかけないやり方でもう一回、立ち上がりの介助をやってみよう

まずそこに座ってね
はい
右足はここ、
左足は一歩前にだして、自分の両手は相手の肩甲骨に添わせるんだ
自分の顔は相手の右耳に寄せ、
左足を沈み込ませるようにして前に押す
スクッ
あ、立ってる！
左足を踏み込むことで、自分の体重を使って上げています
さっきみたいに脇の下に手を入れて引っ張り上げると、腰を痛めちゃうからね
注意
これもNG!
円背《えんぱい》（背中が曲がっていること）の方を無理に立たせると、お年寄りも腰を痛めてしまいます

前から立ち上がり介助をするときは…
このまま引き上げようとしても、立てません
左足で相手の右足の甲を押さえて、
LOCK
下から両手をとります
そして、上に上げずに手前に引きましょう
ぐい〜っ
おぉ…!
立てた!
すご〜い!
これはある程度、足に力のあるお年寄りが対象です
最後は足を伸ばした状態からやってみよう

足が伸びきってしまった人が立ち上がるには…
相手の両足の下に自分の右足を入れて、
肩を組みます
IN
＊ＲＸ組、青山幸広さんの「楽ワザ介護術」より
後ろに反って、左足を4の字にします
右手のひらを相手の左脇下に添えて、
左手は後ろに
そして右足を立てます
ひょい
ポイントは左足を4の字にすること
左ひざを支点にして、
くるっと回しましょう
くるっ
これはかなり熟練の技なので、
実際にお年寄りに行う場合は、しっかりモデルで練習してからにしましょうね

床からの立ち上がり
できそう?
必ず練習してからね

介護技術とは、人の動きを再現することです。いかに自然に、いかに負担をかけずにお年寄りから日常動作を引き出すか。それには相手との信頼関係も大事だし、あなた自身が焦ってもいけません。お年寄りに、安心して身体を預けてください、という気持ちに(あなたが)なってほしいのです。

まず最初の一歩として、マンガで説明した**床からの立ち上がりを誰かと練習してみてください。本当にするーっとできますから**。くれぐれも最初はゆっくり。うまくできなくとも、何度か練習するうちにできるようになります。互いの役を交代しながら、人の身体はこんなふうに動くんだ、こんなふうに負荷がかかるんだ、というのを体感してください。

練習することで自信がつくし、自信がつくと焦らなくなります。「こんなふうに介助すればいいんだ」と、正しい方法を知っているのといないのとでは、心構えがまるで違ってきますよ。

介護技術

2

ごはん

姿勢、テーブルの高さ、器や食材の大きさに、
なんのために気をつけるのか
誤嚥防止はもちろんですが、
そのすべては「おいしく食べる」ことにつながります
食事はやっぱりおいしいのが一番！

ごはん
完成!
いただきま〜す
ハッ
ピュ〜
枕を当てますね
ズッ
ありがとう
よく気づいたね、サブローくん
誤嚥防止のため、あごが上がらないように注意しましょう
特に車イスの方や、リクライニングベッドに寝ている方が
食事する際は、枕などを当てるのがおすすめです

あ！
もうちょっと低いイスに座りましょうか
ありがとう
テーブルの高さも調節しますね
脚の高さを調節できる介護用テーブルもあります
そう、食事のときは足をしっかり床につけるのが大事だね
テーブルの高さは、おへそのあたりが理想的です

この器、かわいいわあ
丸っこくて
それ、僕が
選んだんですよ
ほぉ〜
器がきれいだと、
ごはんもおいしく
感じるわあ
じゃ〜ん!
ごはんも僕が
炊いたんです
半身麻痺などで利き手と違う手で食べる方などは、
丸みがあって少し深さがある食器だと食べやすいです
Good!
あ!
くろまめさんおすすめはCHIPS というブランド

ひょい
その人に合わせて、野菜は少し細かく、お肉はそれよりもさらに細かくといった感じかな
ちなみに、僕たちも普段食べている元々やわらかく調理されているメニュー「ソフト食」もおすすめです
かぶのあんかけ
ハンバーグ
ポタージュ
かぼちゃの煮物
細かい
もっと細かい
も〜っと細かい（ミキサー）
人によって、おいしく、安全に食べられる大きさにしています
冷めちゃいますよー
ちょっと
ねー!
そうそう
なにより、食事はおいしく食べるのが一番です

食べたい気持ちがなにより大事

食事は生きる喜びのひとつです。なにかを食べたいという気持ちがある限り、人は元気でいられるし、生きる活力も湧いてきます。おいしく食べるポイントを3つお伝えしますね。

①寝食分離　できれば食事の場所と寝る場所は分けましょう。ベッドの上で食べるのと食卓で食べるのとでは、見えてくる景色もおいしさも違ってきます

②姿勢　「少し前屈みであごを引く」これが基本姿勢。テーブルやイスの高さ、クッションなどで調整します。あごが上がってしまう姿勢は誤嚥が起こりやすく危険です

③食べたい気持ち　一番大事なのはこれ。食欲は心とも身体ともつながっています。心と身体が元気なら、食べたい気持ちも自然と立ち上がってくるもの。その逆も然《しか》りです。1食1食、楽しく食事をしてください

介護技術

3

移乗

ベッドから車イスへ、車イスからトイレへ、
イスからイスへなど、こうした「移乗介助」にも
ラクにできる裏ワザ、あるんです
移乗は特に手と手、身体と身体がふれあうことで、
相手のぬくもりや気持ちが直《じか》に伝わってきますよ

ベッドから車イスへの移乗
それじゃあ
車イスに座りましょうね
ええと…
ミチエさんは右麻痺の方だから、
僕は右ひざをつくんだっけ…
よいしょ
あれ、
左ひざだったかな…
ひざを
ロック
回転
ズボンを
引っ張り
上げない
バランス
生理的
曲線
う〜んぷ
サブローくん、
固まっちゃいましたね
う〜ん

すみません
もう一度最初からやってみようか
は～い
まず、車イスに近い方の足を一歩だしてもらいます（ここでは右足）
ズッ
サブローくんは左ひざを、ミチエさんの右足の前について
右手は脇の下から肩甲骨をひっかけて
そして左の手のひらを上にしてミチエさんのももの下に差し込む
このとき、相手の身体を少し介助者の右腕側へかたむけてもらいます
まずは浅座りになってもらおう
右手を引いてミチエさんを前屈《まえかが》みにして、同時に左手を引くと簡単に浅座りになってもらえます
右足とお腹でミチエさんの左膝をロック（固定）しながら、さらに右手と左手を引いて前屈みにしていくとお尻が浮いてくる
そして、そのままくるっと身体を回してごらん
できた！
お年寄りの頭とお尻のバランスがとれてから、くるっとしてください

イスからの立ち上がり
では、もう1パターンいってみようか
はい！
右手を自分の腰に回してもらい、
左手は相手の肩甲骨、右手はひざを押すように支える
ポイントはひざをロック（固定）すること！
しっかり前屈みの体勢をつくり、
相手のお尻が上がったら一緒に立ちます
できた！
イスに座って介助するのもいいですね

ベッドの上方への移動
足元のほうへずり下がった身体を元の位置に戻す際、
こんなふうにして腰を痛めることも多いです
すっ
そういうときは頭の方へ移動して…
右手の小指と薬指を相手の右の肩甲骨に引っ掛けて、左手は相手のお尻に添えます
す〜っ
動いた〜
そのまま、すーっと自分の方へ引き上げると腰に負担がかかりません
ゆっくり、急がず、急がせず

移乗はゆっくり身体の動きに沿って

移乗やイスなどから立ち上がる際のコツは3つ。**①浅く座ってもらう、②相手のひざをロック**（**固定**）**、③健康なほう**（**健側**）**をしっかり使ってもらう**こと。特に②の「相手のひざをロック（固定）」は重要です。あなたの手や足で相手のひざをロックし、前屈みをつくっていくと自然とお尻が浮いてきます。その身体を受け止めて、マンガでサブローくんがしていたように自分の身体ごと、くるっと回せばいいんです。

移乗の際は相手の服の乱れを直す配慮も、どうか忘れないでください。

立ち上がりについてもう少し解説しますと、人は座っている状態から立つとき、自然と前屈みになります。背中を伸ばしたまま、すっくと立つ人は、そうそういません。

前屈みになって頭を前に下げることでお尻を浮かせ、頭は再び後ろへ戻るようにして曲線を描いて立ち上がる。こうした一連の動きを「**立ち上がりの生理的曲線**」といいます。

この曲線の流れに沿って介助をすれば力はいらないんです。

介護技術

4

車イス

車イス選び、悩みますよね
ひとつだけ先にお伝えしたいのは、
どんな種類の車イスだったとしても、
「アームサポートとフットサポートが外せるもの」
がいいということ。移乗のしやすさが全然違ってきますから

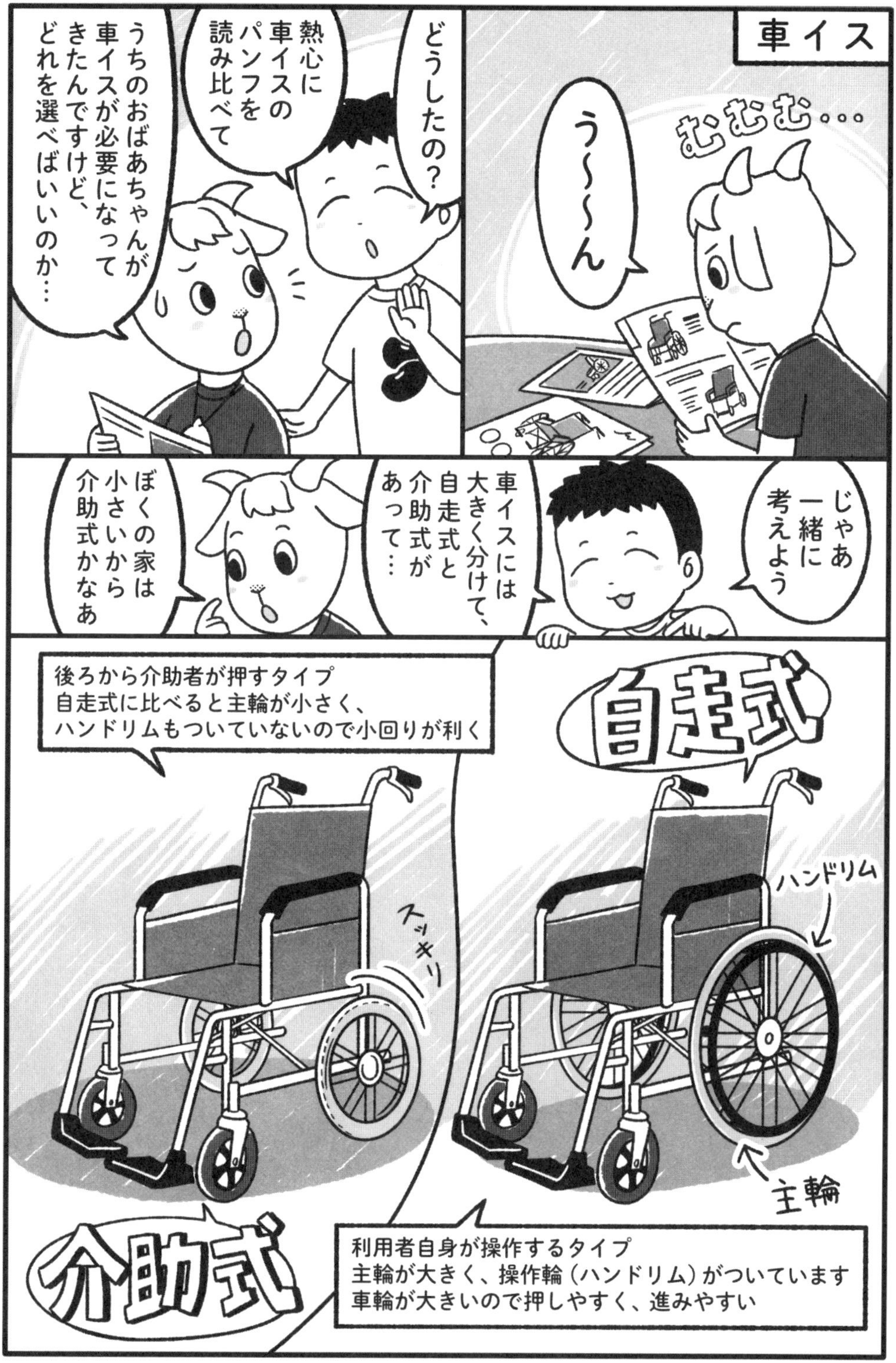

車イス
う〜〜ん
むむむ…
どうしたの？
熱心に車イスのパンフを読み比べて
うちのおばあちゃんが車イスが必要になってきたんですけど、どれを選べばいいのか…
じゃあ一緒に考えよう
車イスには大きく分けて、自走式と介助式があって…
ぼくの家は小さいから介助式かなあ
自走式
ハンドリム
主輪
利用者自身が操作するタイプ
主輪が大きく、操作輪（ハンドリム）がついています
車輪が大きいので押しやすく、進みやすい
後ろから介助者が押すタイプ
自走式に比べると主輪が小さく、
ハンドリムもついていないので小回りが利く
スッキリ
介助式

筋力が弱っている方には、リクライニング車イスもいいかもね
機動性を重視するなら、車輪が6個あるものもあるよ
ス~
お~
でも、後ろに車輪があるからウィリーしにくいんだよね
つまり段差を越えにくいんだ
ガッ

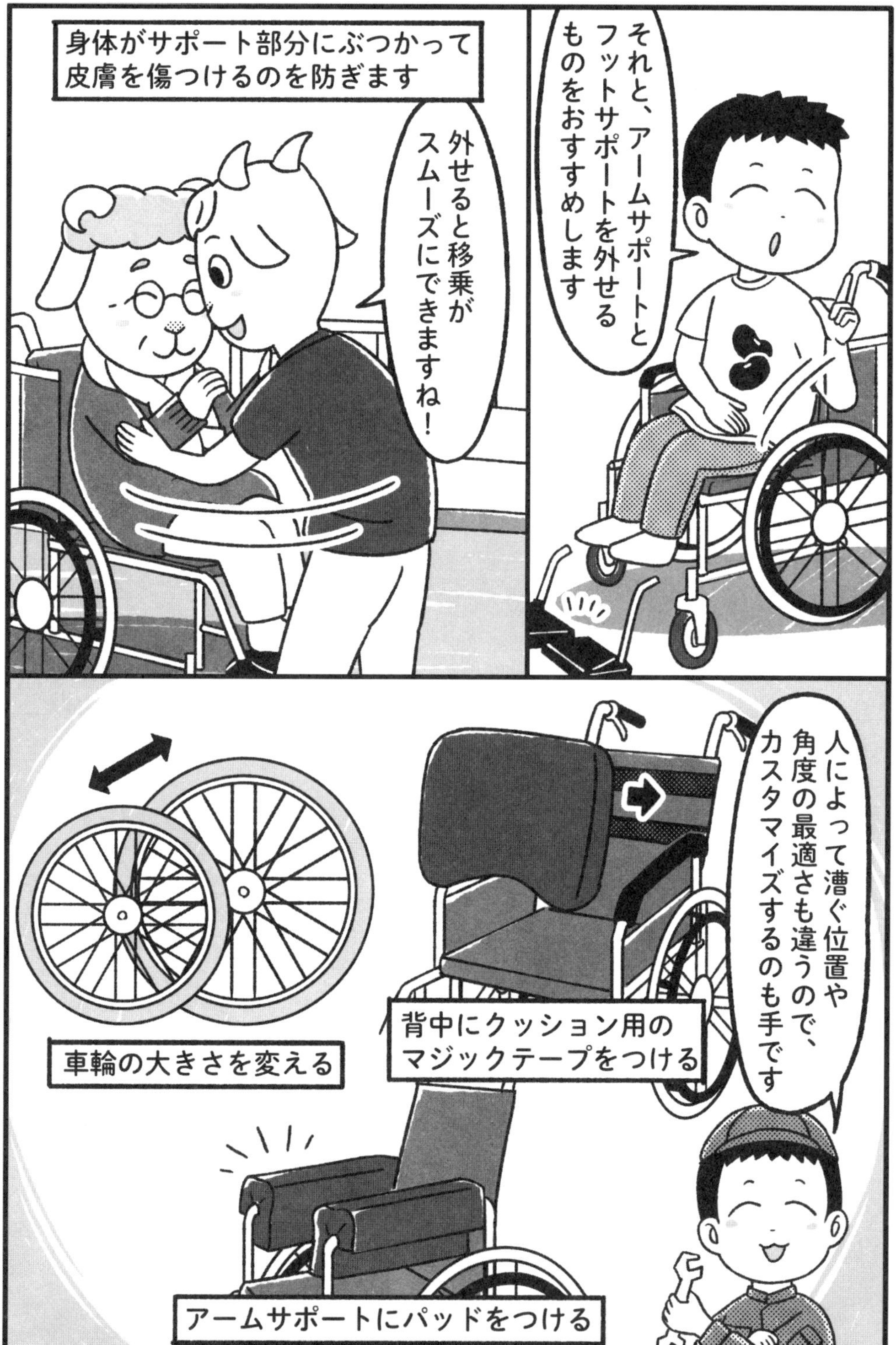

身体がサポート部分にぶつかって
皮膚を傷つけるのを防ぎます
外せると移乗がスムーズにできますね!
それと、アームサポートとフットサポートを外せるものをおすすめします
人によって漕ぐ位置や角度の最適さも違うので、カスタマイズするのも手です
背中にクッション用のマジックテープをつける
車輪の大きさを変える
アームサポートにパッドをつける

ほかに注意点はありますか？
外出先で使うときは自走式の車輪の大きなものがいいかな
車輪が大きいと段差も問題なく越えられるからね
砂利道などは、くるっと向きを変えバックで行くと進みやすいです
そして室内では小回りが利く介助式というふうに、使い分けるのもいいいね
※軽度者でもレンタルできる場合があります
要介護認定で要介護度２以上の方は、介護保険を利用して車イスをレンタルできます
……
二階ですねわかりました
サブローくん、下を持って～
は、はい！
階段の上り下りはプロの介護士に任せましょう
よいしょ、
よいしょ…

車イスを安定させる裏ワザ伝授します

車イスに座っていて前屈みになりすぎると、バランスを崩して前方に転びそうになりますよね。そんなときは**前輪の向きを前向きにしておくと、ストッパーが機能しやすくなり、体重を前にかけてもバランスが安定**されます。移動せずに車イスに座って休むときも前輪は前向きに。

もうひとつ。介助式車イスを押していて前方に段差があるとき、前輪を上げるためにティッピングレバーをうんと踏んでいませんか（てこの原理的に）？　このやり方、力がないと難しいんです。**ティッピングレバーを踏んだら、下に押すのではなく、前へ押してください。そしてハンドルを握る手は、後ろへ引いてください。**するとあら不思議。少ない力で前輪が上がります。

そしてですね、**段差に上がった前輪はバランスを保つため、後ろ向きにしてください。**前輪さえ上がれば後輪も難なく上がります。下りるときも上がるときと同じ動きを、逆向きで。くれぐれも段差で車イスが、がくんがくんとならないように。下りるときこそゆっくりと、です。

介護技術

5

トイレ

家をリフォームする予定があるなら
トイレとお風呂を優先的にすることをおすすめします
それくらいトイレとお風呂って大事
「トイレが自分でできること」
これってメンタルにとても重要です

トイレ
もう〜っ!!
おや？
どうしました？
いえね、あんまり「出ました？」とうるさく聞かれるものだから
困っちゃうよ
すみません…
……。
良かれと思っていろいろ聞いたんですけど
うぅっ..
そうだね
トイレはデリケートなことだから、してる間は話しかけてほしくない人もいるんだよね
なんか僕、利用者さんをよく怒らせちゃって
モグモグ
じゃあトイレ介助のポイントを伝授しよう
備品食べないで…
まず、やっぱり大事なのは「座ること」車イスの人の場合は

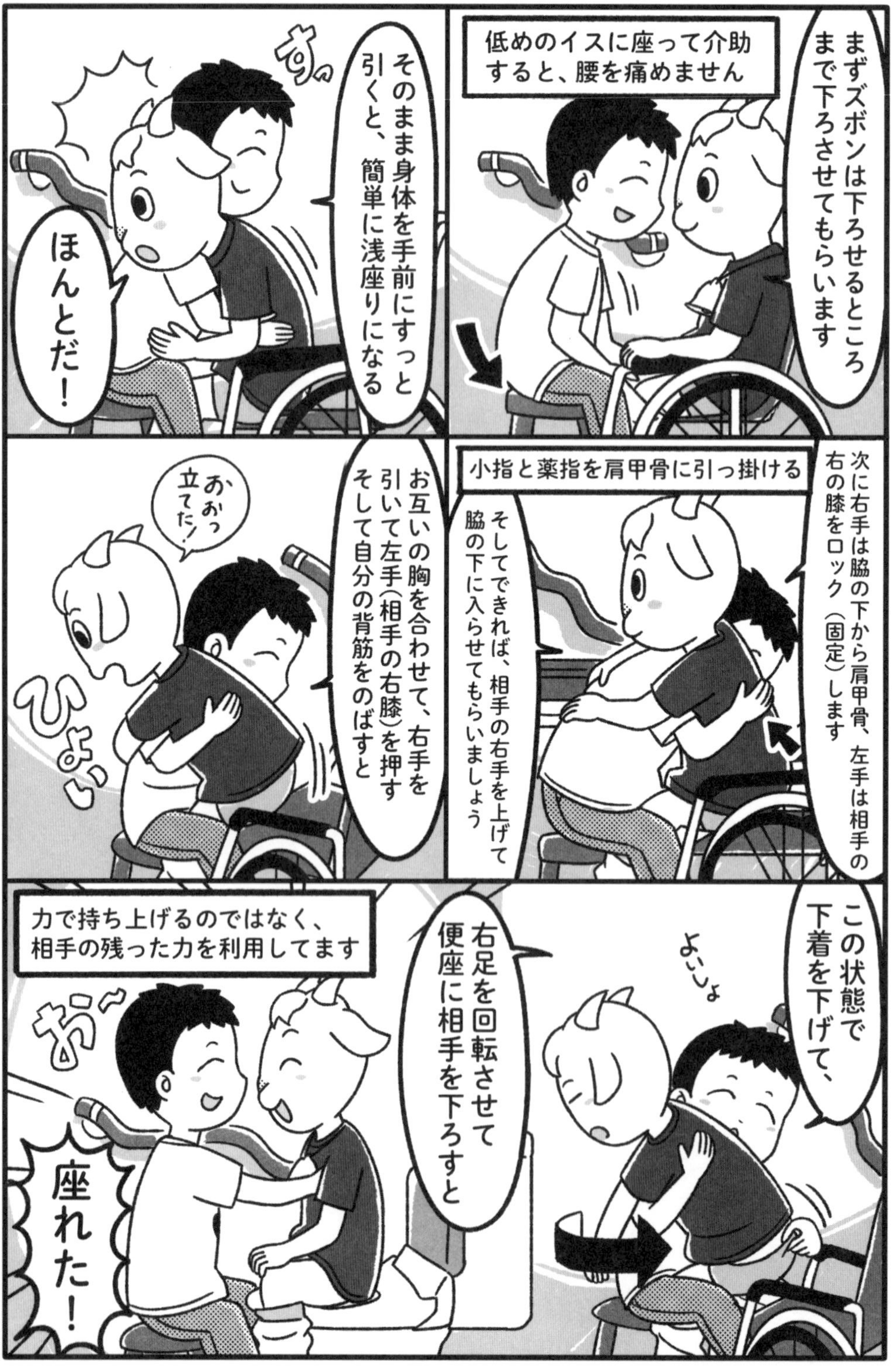

まずズボンは下ろせるところまで下ろさせてもらいます
低めのイスに座って介助すると、腰を痛めません
そのまま身体を手前にすっと引くと、簡単に浅座りになる
すっ
ほんとだ！
次に右手は脇の下から肩甲骨、左手は相手の右の膝をロック（固定）します
小指と薬指を肩甲骨に引っ掛ける
そしてできれば、相手の右手を上げて脇の下に入らせてもらいましょう
お互いの胸を合わせて、右手を引いて左手（相手の右膝）を押す そして自分の背筋をのばすと
おぉおっ 立てた！
ひょい
この状態で下着を下げて、
よいしょ
右足を回転させて便座に相手を下ろすと
力で持ち上げるのではなく、相手の残った力を利用してます
お〜
座れた！

あと、なかなか便が出ない人もいるんですよね
うーん
便秘には気をつけたいよね
朝起きて水を飲んだらすぐ、とか昼食後とか、トイレへ行く時間を決めておくと意識して出やすくなるかも
でも、したくなったときが一番大切なので、便意がきたら何をおいてもトイレへGO
ところでこの手すりは、なんでくねくねしてるの？
ああそれは
くねくね手すり
まっすぐな手すり
立ち上がるとき、腕の力で自分の身体を引っ張らないといけない
すくっ
体重
おお！
うでの力
よいしょ
手すりを手で押して立ち上がれる
手すりの種類はいろいろあるので、合うものを選んでください

トイレをリフォームするなら
ちなみにトイレをリフォームする際のアドバイスも。
へえ〜
自宅のスペースでできる範囲でいいですよ
40cm
便器は壁から40センチ離れたところに中心がくるように置くのがちょうどいい
ドアは引き戸
42cm
便器は便座を下ろした状態で高さ42センチ
電気スイッチの場所は低めに
あと、便器が浮いていると掃除がしやすいですね
身体に麻痺がある場合、麻痺していない側に手すりをつける

トイレはほんと大事
なにはなくとも
便意ファーストで

トイレは座ってするのが大事なのはもちろんですが、その前提として大切にしたいのが、お年寄りに安心感をもってもらうことです。例えば**くしゃみや咳、イスに座ったはずみなど尿漏れするかもしれない人には、パッドの使用を勧めてみましょう。**いつ漏れるのかわからないと心配するより、たとえ漏れても大丈夫という気持ちでいるほうが落ち着けます。

そして便秘。これはイライラや体調不良にもつながる厄介なもの。詳しくは、ピンチ38でも解説しています。**便秘になるのを防ぐ最善の方法は、便意を我慢しないこと。これに尽きます。**便意を我慢し続けていると腸が鈍感になり、便秘になりやすいのです。

自分でお尻を拭くのが難しい方もいるので、**「温水洗浄便座」の使用も基本的には勧めています。**ただし水圧の強さにはご注意を。また、**トイレに手すりをつけるときはステンレスではないもの**がいいでしょう。冷たくて、ひゃーっとならないように。

介護技術

6

お風呂

親子や家族だからこそ
お風呂のお手伝いは難しいですよね
悩むのはデリケートゾーン
本人が洗えるなら自分で、無理なら
赤ちゃんを洗うようにやさしく洗ってください

お風呂
ではサブローくんにクイズです
お年寄りがお風呂に入るとき、一番気をつけなければならないことは?
ええっと…身体をキレイにすること!
ブブー! もちろんそれも大事だけど、
一番大切にしたいことは、〝あ〜、極楽極楽〟と言ってもらうこと! つまりリラックスなんだ
はぁ〜
なるほど
だからこそ
気をつけてほしいことがあります
ええっと…温度差が急激にならないように配慮することと、滑らないように工夫すること!
HOT
COLD
!!
正解!
急激な温度変化によるヒートショック、これは冬場は本当に危ないんだ
心筋梗塞になることもありますもんね
冬は脱衣所にファンヒーターを設置して、お風呂場との寒暖差をなくしましょう。目安は25度くらい

浴槽内も
滑りやすいので注意
転倒防止には、
これがおすすめです
滑り止めシートを
浴槽の底に貼っても
いいでしょう
ではいよいよ、
お風呂に入ってもらいましょう
待ってました！
あ！
ちょっと待って
お湯の温度は確認した？
ちゃぷ…
あちちちち
入ってもらう前に
温度は必ず自分で
触って確認しようね

どうですか〜？
あ〜、極楽極楽
リラックスして入ってもらうのが一番大事
身体を洗うときも「身体洗浄」ではなく、
「身体を洗うお手伝い」という心持ちで
シャー
顔や髪、上半身など自分で洗える箇所はできるだけ自分で洗ってもらいましょう
痒いところはないですか

ホカ
ホカホカ
着替えするときにはイスがあると何かと便利です
お風呂をリフォームするなら
なお、お風呂場をリフォームするときには…
段差をなくす
90cm
55cm
浴槽は深さ55センチ、幅90センチが理想的
手すりは必須
できれば浴室暖房機を
くろまめさんの浴槽は天然ヒバの木を使っています
いい湯だな〜

あったかいお風呂に入ると、心までぽかぽかしてきて、親密感が生まれます。テキパキと「作業」していくのではなく、介助する側もされる側ものんびりとお風呂を楽しんでほしいなあ。

浴槽からお年寄りが立ち上がるときは、転倒防止のため、前の縁や手すりを両手で掴んでもらってくださいね（手すりはぜひつけることをおすすめします。介護保険を活用できます）。そのまま前屈みになってもらうと、自然とお尻が浮いてきます。あなたは背後の縁に腰をかけ、太ももと浴槽の壁で相手の身体を挟み、後ろから背中を押し上げましょう。お湯の浮力があるので力を入れる必要もありません。

余談ですが、**機械のお風呂のほうが安全だと思われている方もいますが、ストレッチャーの転倒やベルト忘れなど、大事故になっているのは、むしろ機械のお風呂**なんです。機械浴イコール安全ではないということも、どうか頭の片隅に入れておいてください。

お風呂はコミュニケーションをとるチャンスですよ

介護技術

7

車（お出かけ）

いろいろな場所に一緒に出かけたい
くろまめさんでは車は必須です
自分の車でなくてもいいですよ
料金は一緒で車イスOKのタクシーもあります
外出はいい気分転換になりますよ

車（お出かけ）
今日はくろまめさん恒例の「みんなでお出かけデー」これから京都タワーまで行ってきます
じゃあ、お先に出発しまーす
いってらっしゃーい
さあ、僕らも出発しようか
はい！
車イスから車への移乗方法
最近はスライド式のドアが多いですが、普通に開くドアの方が移乗しやすいんだ
ガチャ
開いたドアが手すり代わりになります

左手でドアを掴んだら、そっちへ重心を預けることによって足が上がりやすくなるよ
ふむ
ドアが動かないように、介助者が手で押さえておきましょう
身体の右側が麻痺の方の場合は…
開いたドアに手をかけて立ち上がり、くるっと回ってお尻から座ります
足からじゃなくて、お尻からですね
人や車の高さによっては足を上げて乗ったほうがいい場合もあります
左側が麻痺の方の場合も、後部席で同様に座ります

車内では…
こんな手すりをつけるのも乗り込むときの手すり代わりや、揺れ防止になります
電車みたいだ
そのほかこんなものも
後部席や
助手席にも
乗りやすい形にカスタマイズするの、楽しそうだなあ
介護度が重くなるほど、正面に手すりがあると掴まりやすいです
それと、シートベルトはもちろんだけど、チャイルドロックもかけたほうがいいね
ガチャ
認知症の方の場合、ドアを開けてしまうかもしれません
できるだけ後部席に座ってもらうほうがいいかもしれませんね

お年寄りを乗せる車を選ぶポイントってありますか？
やっぱり乗りやすさだね
車高が高いと足を引っかけて転んじゃうかもしれないから
なるほど…
車高の低い軽自動車やコンパクトカーが便利です
車高高
車高低
でも、そうそう簡単に車の買い替えもできないし…
車高を縮めるために、こんな台を使ってもいいよ

※軽度者などでも利用できる福祉タクシーもあります
「介護タクシー」という訪問介護サービスもあり、要介護１以上の方が通院などに利用できます
運転手は介護福祉関連の有資格者で、移動介助などもしてくれます
わしらもそろそろ出発せんかねえ
はっ
ちょんちょん
そ、そうですね
ドア開けまーす

いつまでも外出を楽しめるように

お年寄りにこそ「外出」が必要であると思います。外に出ると単純に気持ちが上向くし、いい気分転換になるんです。

僕はくろまめさんの送迎などで大型車も運転しますが、**個人的には小型車のほうがお年寄り、特に小柄なおばあさんを乗せるのには向いている**と感じています。小さい車は車高が低いから乗りやすいし、車内が狭いほうが心理的に落ち着けるというのもあるのかもしれません。

介護中で車の買い替えを検討している方には、次のふたつのことも伝えさせてください。**①現在主流のスライド式ドアより、昔ながらの4ドアのほうがドアに摑まることができ、お年寄りには乗車しやすい**場合が多いです。**②車イスごと乗ることのできる福祉車両の種類も増えてきているので、新車候補の選択肢に入れるのもあり**かと（福祉車両を購入すると、減免税制度や助成金制度が適用される場合があります）。**いつまでも外出を楽しんでくださいね。**

注意書き

第２部で紹介した介護技術は、安全で効果的な介護を行うための方法を解説しています。正しい手順で行わないと、お年寄りだけでなくあなたにもケガのリスクがあります。実践する前に必ず以下の点を守ってください。

○十分な練習をする

安全な環境で練習してから行いましょう。

○無理をしない

介護する側、介護される側の身体に負担がかかる姿勢は避けましょう。

○相手の状態を確認する

お年寄りの体調や痛みの有無を必ず確認し、不安がある場合は医師や専門家に相談してください。

○周囲の環境を整える

転倒や事故を防ぐために、足元の障害物を取り除き、安全なスペースで行いましょう。

あとがき

本書は『介護の大ピンチ解決します』というタイトルのもと、僕自身が経験した「こうすればうまくいった！」という話や、「これは大失敗だったけど、今となっては笑える」という話を詰め込みました。

「何を呑気なことを言ってるんだ」とか「笑いごとでは済まないんだよ」と、思われた方もいるでしょう。

そうです。おっしゃるとおりです!!

僕たち「くろまめさん」は「笑い」に重きをおきすぎる集団です。しかしその実態は、どうしてもシリアスになってしまう「介護の世界」との闘いなのです。

僕もこの仕事について長いので、認知症や身体の不自由を抱えた方々、そのご家族との多くの出会いがありました。

誰かれなく暴言を浴びせ続けるおじいさんに、途方に暮れたこともあります。

認知症のおばあさんの転倒を防げず、ご家族に土下座をしたこともあります。

排便があるといろいろなところになすりつけてしまうおばあちゃんの後始末に追われて、心が折れそうになる夜もありました。


介護とは、なんて不条理で非効率的なものなのか……。たくさんの離職者や病んでいくご家族も見てきました。

もう、シリアスにならざるを得ん!!


それでも僕は、この仕事には深い意味があり大きな価値があると思っています。


深刻な人手不足で、介護の世界でもますます効率化や機械化が進んでいます。もしかすると将来、AIやロボットが僕を看取ってくれるかもしれません。

「歳をとったら人の世話になりたくない」「認知症になるくらいなら早く人生を終えたい」なんて言葉もよく聞きますよね。

でも、人はそんなに都合よく老いないし、いい時期を選んで死んだりできません。

身体が思うように動かなくなり、自分のことも判断できなくなってくる。

こんな毎日がいつまで続くんだろう？　心細い、手を握っていていてほしい……ひとりにしないで……背中がかゆい……（笑）。

やっぱり、人は人を求めるんです。本当の介護は、人にしかできない。

ですから、おこがましいけど言わせてもらいます。介護職のあなたや、ご家族の介護をしているあなたが、もう限界で「こんなこと意味も価値もない……」と思ったときは、僕たち（介護界の反シリアス集団!?）がいることを思い出してください。

本書やくろまめさんのSNSを見て、大いに笑ってやってください。

僕たちは、あなたの介護や看取りに、笑いに満ちた時間があることを願います。そして明日からまた、一緒に悪戦苦闘しましょうよ!!

最後に、この本を手に取ってくださり本当にありがとうございました。

本書が、日々介護に奮闘されているみなさんの、一助になれば幸いです。

2025年4月　稲葉 耕太（くろまめさん）

介護は人に頼るもの　まずはあなたの元気が一番ですよ

○これから介護をはじめるあなたへ

家族や親戚、ケアマネジャーさんにヘルパーさん、そして僕らのような介護事業所を頼って負担を分散してくださいね。

○切羽詰まっているあなたへ

誰も迷惑なんて思わない。今すぐ、担当のケアマネさんや地域包括支援センターに相談を。自分でやってしまったほうが早いと思われるかもしれませんが、それは間違いですよ。

○介護職のみなさんへ

お年寄りもご家族も、介護職員もみんなで笑える介護、一緒に目指しましょう。

介護の大ピンチ

状況・困りごと別 インデックス

初心者・切羽詰まっている人

入退院が不安な人

親と離れて暮らしている人

感情のアップダウンに悩む人

稲葉　耕太（くろまめさん）

1983年生まれ、京都府出身。株式会社ひだまり介護代表取締役。京都府船井郡京丹波町で介護施設『くろまめさん』（デイサービス）を運営。「介護×田舎暮らし」をコンセプトに、高齢者が昔ながらの生活を取り戻し、心身ともに健やかに過ごせる環境を提供している。介護技術を教える『介護の寺子屋くろまめさん』も開講、年16回ほどある講座はすぐに予約が埋まる。また、くろまめさんに通うおばあちゃんの料理と田舎ピザを提供する『おピザはん』を運営するなど、地域と介護をつなげる活動もしている。

Instagram：kuromamesan.kaigo
YouTube：介護の学校〝くろまめさん〟

介護《かいご》の大《だい》ピンチ解決《かいけつ》します

2025年4月22日　初版発行

著者／稲葉《いなば》 耕太《こうた》（くろまめさん）
発行者／山下 直久
発行／株式会社 KADOKAWA
〒102-8177　東京都千代田区富士見2-13-3
電話 0570-002-301（ナビダイヤル）
印刷所／TOPPANクロレ株式会社
製本所／TOPPANクロレ株式会社

お問い合わせ
https://www.kadokawa.co.jp/（「お問い合わせ」へお進みください）
※内容によっては、お答えできない場合があります。
※サポートは日本国内のみとさせていただきます。
※ Japanese text only

定価はカバーに表示してあります。

ISBN978-4-04-607440-9　C0036